Impressum
Verlag: BABADADA GmbH, Nedderfeld 112 , 22529 Hamburg
Geschäftsführer / Verlagsleitung: Harald Hof
Druck: Books on Demand GmbH, In de Tarpen 42, 22848 Norderstedt

Imprint
Publisher: BABADADA GmbH, Nedderfeld 112 , 22529 Hamburg, Germany
Managing Director / Publishing direction: Harald Hof
Print: Books on Demand GmbH, In de Tarpen 42, 22848 Norderstedt, Germany

ቤት-ትምህርቲ

shkolla

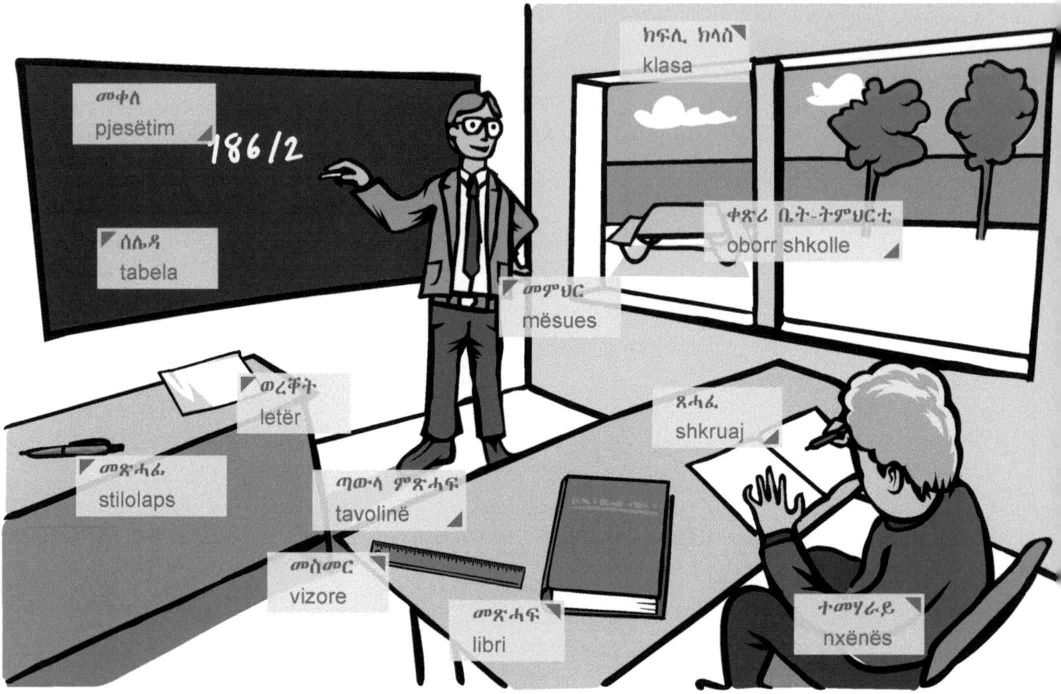

186/2
መቀለ
pjesëtim
ክፍሊ ክላስ
klasa
ሰሌዳ
tabela
ቀጽሪ ቤት-ትምህርቲ
oborr shkolle
መምህር
mësues
ወረቐት
letër
ጸሓፈ
shkruaj
መጽሓፊ
stilolaps
ጣውላ ምጽሓፍ
tavolinë
መስመር
vizore
መጽሓፍ
libri
ተመሃራይ
nxënës

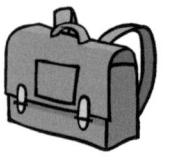

ሳንጣ ትምህርቲ

çantë

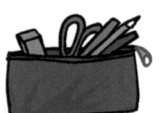

ሰፈር ብርዒ

mbajtëse lapsash

ርሳስ

laps

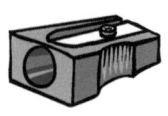

መብልሒ ርሳስ

mprehës lapsash

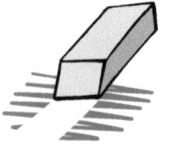

መደምሰሲ

gomë

ጥራዝ ስእሊ

fletore vizatimi

ስእሊ
vizatim

ብርጊ ቀለም
penel

ቦክስ ቀለም
kuti bojërash

መቐስ
gërshërë

መጣበቒ
ngjitës

ጥራዝ መላመዲ
fletore detyrash

ዕዮ ገዛ
detyrë shtëpie

12

ቁጽሪ
numër

2+2

ወሰኽ
mbledh

5-2

ጎደሰ
zbres

2×2

ረብሓ
shumëzoj

ደመረ
llogaris

A

ፊደል
gërmë

ABCDEFG HIJKLMN OPQRSTU VWXYZ

ስርዓት ፊደላት
alfabeti

hello

ቃል
fjalë

ጽሑፍ
tekst

አንበበ
lexoj

ኩርሽ
shkumës

ሰዓት
mësim

መዝገብ ክላስ
regjistër

መርመራ
provim

ሰርቲፊከት
çertifikatë

ድቢዛ ቤትትምህርቲ
uniformë shkolle

ትምህርቲ
arsimim

ለክሲኮን
enciklopedia

ዩኒቨርሲቲ
universitet

ሚክሮስኮፕ
mikroskop

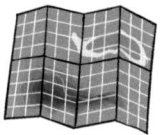

ካርታ
hartë

ጎሓፍ ወረቓት
kosh letrash

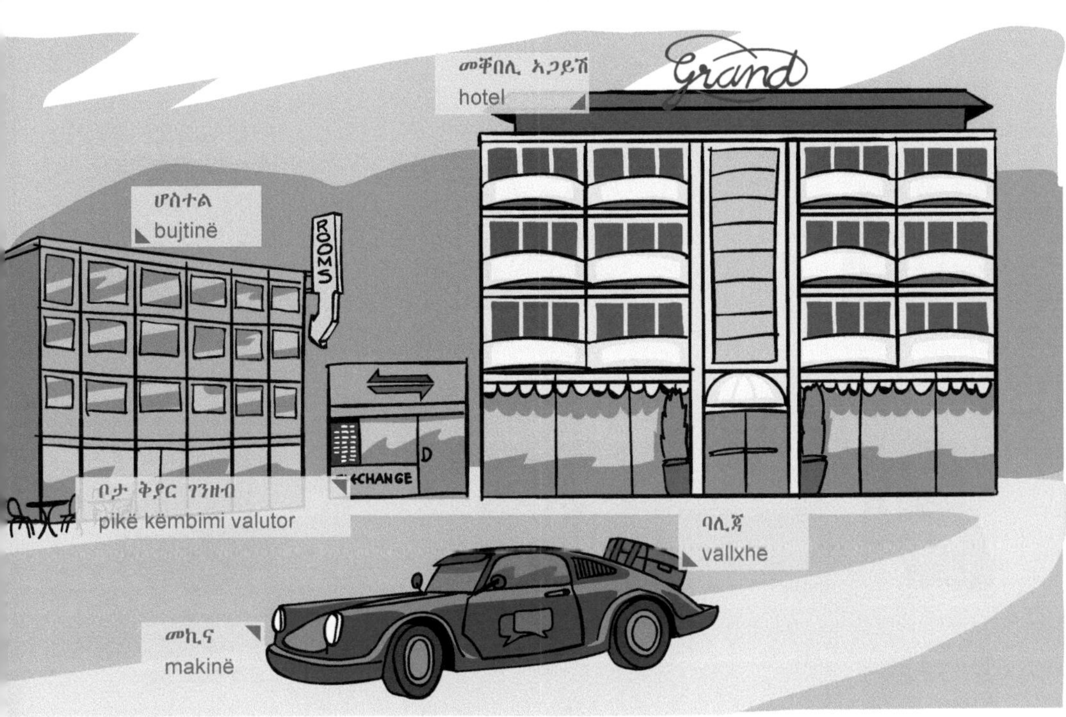

Grand
መቐበሊ ኣጋይሽ
hotel
ROOMS
ሆስተል
bujtinë
EXCHANGE
ቦታ ቅያር ገንዘብ
pikë këmbimi valutor
ባሊጃ
vallxhe
መኪና
makinë

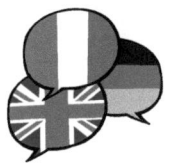

ቋንቋ

gjuhë

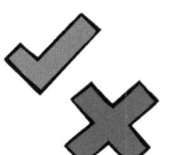

እወ / ኖ

po / jo

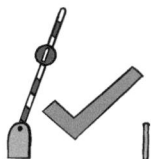

ሕራይ

Në rregull

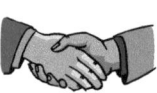

ሰላም

ç'kemi

ኣስተርጓሚ

përkthyes

የቐንየለይ

Faleminderit

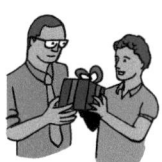

. . . ክንደይ ዋግኡ?

sa kushton...?

አይተረድአኹን

nuk e kuptoj

ሽግር

problem

ሰላም ምሸት!

Mirëmbrëma!

ከመይ ሓዲርካ

Mirëmëngjes!

ሰላም ለይቲ

Natën e mirë!

ደሓን ኩን

mirupafshim

አንፈት

drejtim

ጉዓዝ

bagazhet

ሳንጣ

çantë

ሳንጣ ሕቖ

çantë shpine

ጋሻ

mysafir

ክፍሊ

dhomë

ክሻ መደቖሲ

thes gjumi

ቴንዳ

tendë

ሓበሬታ በጻሕቲ ሃገር

informacion për turistët

ገምገም ባሕሪ

plazh

ክሬዲት ካርድ

kartë krediti

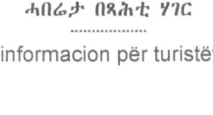

ቁርሲ

mëngjes

ምሳሕ

drekë

ድራር

darkë

ቲከት

Biletë

ሊፍት

ashensor

ማሕተም ደብዳበ

pulla

ዶብ

kufi

ድንና

doganë

ኣምበሲ

ambasadë

ቪዛ

vizë

ፓስፖርት

pasaportë

መጓዓዝያ
transport

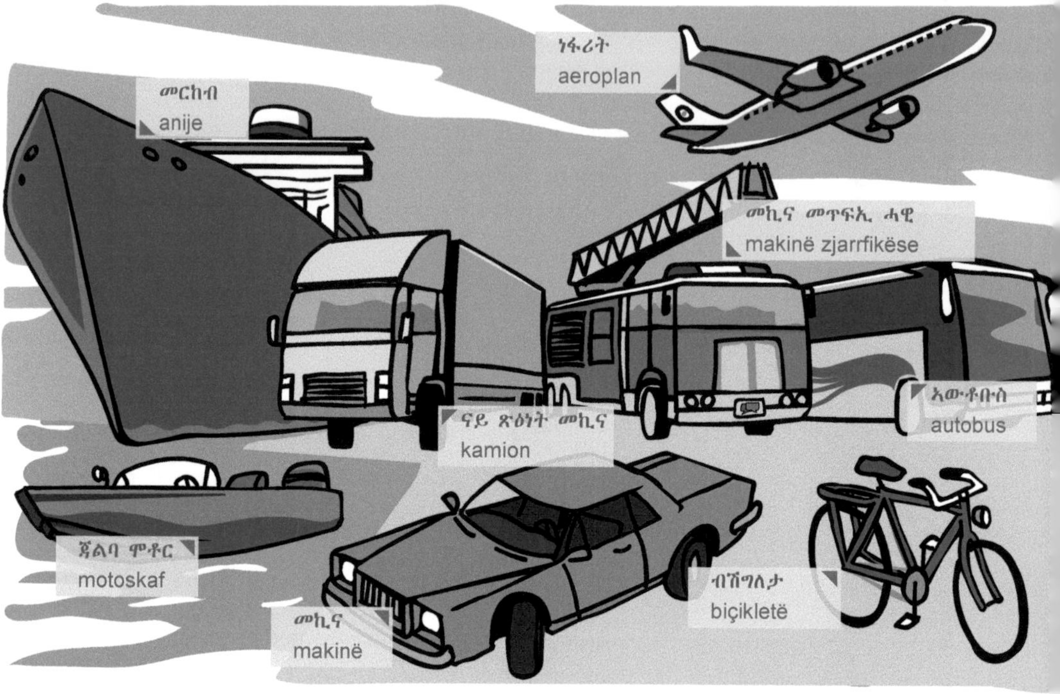

ነፋሪት
aeroplan
መርከብ
anije
መኪና መጥፍኢ ሓዊ
makinë zjarrfikëse
ናይ ጽዕነት መኪና
kamion
ኣውቶቡስ
autobus
ጃልባ ሞቶር
motoskaf
መኪና
makinë
ብሽግለታ
biçikletë

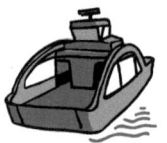

ፈሪ

traget

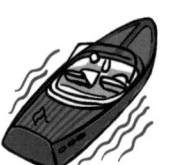

ጃልባ

varkë

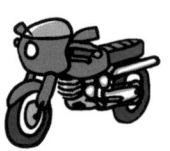

ሞቶ

motoçikletë

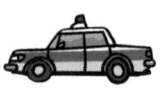

መኪና ፖሊስ

makinë policie

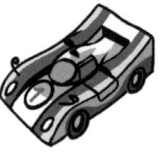

መኪና ቅድድም

makinë garash

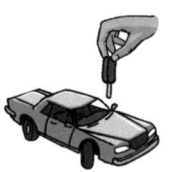

ክራይ መኪና

makinë me qira

ምውፉይ መካይን

darje e qirasë së makinës

መወሰዲ መኪና

karroatrec

መኪና ጎሓፍ

makinë plehrash

ሞቶር

motor

ነዳዲ

benzinë

እንዳ ነዳዲ

pikë karburanti

ምልክት ትራፊክ

sinjalistikë trafiku

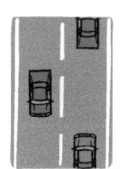

ትራፊክ

trafik

ምጭቅጫቅ ትራፊክ

bllokim trafiku

መዐሸጊ መኪና

parkim makinash

መዕረፊ ባቡር

stacion treni

ሓዲግ

trase

ባቡር

tren

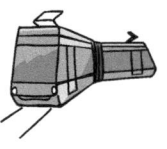

ትረም

tramvaj

ባጎኒ

karro

ሄሊኮፕተር

helikopter

መዓረፍ ነፈርቲ

aeroport

ታወር

kullë

ተጓዥ

pasagjer

ኮንተይነር

kontenier

ሳንዱቕ ካርቶን

kuti kartoni

ኮርሳ ጽዕነት

qerre

ዘንቢል

shportë

ተበገሰ / ዓለበ

ngrihem / ulem

ከተማ

qytet

ቁሹት

fshat

ማእከል ከተማ

qendra e qytetit

ገዛ

shtëpi

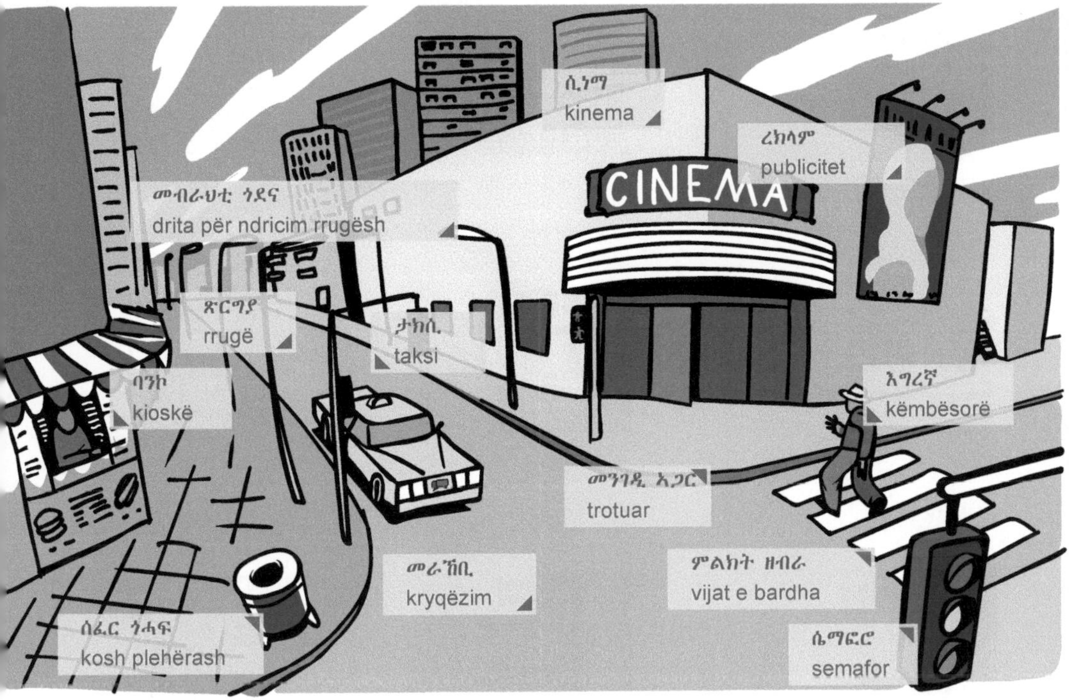

ሲነማ
kinema

ረክላም
publicitet

መብራህቲ ጎደና
drita për ndricim rrugësh

ጽርግያ
rrugë

ታክሲ
taksi

ባንኮ
kioskë

እግረኛ
këmbësorë

መንገዲ አጋር
trotuar

መራኽቢ
kryqëzim

ምልክት ዘበራ
vijat e bardha

ሴማፎር
semafor

ሰፈር ጎሓፍ
kosh plehërash

CINEMA

አጎዶ
kasolle

አፓርትመንት
apartament

መዕረፊ ባቡር
stacion treni

ቤት ምምሕዳር
bashki

ቤተ መዘክር
muze

ቤት-ትምህርቲ
shkolla

ዩኒቨርሲቲ

universitet

ባንክ

bankë

ሆስፒታል

spital

መቶበሊ አጋይሽ

hotel

ቤት መድሃኒት

farmaci

ቤት ጽሕፈት

zyrë

ዱኳን መጽሓፍቲ

librari

ዱኳን

dyqan

ዱኳን ዕንባባ

dyqan lulesh

ሱፐርማርክት

supermarket

ዕዳጋ

market

ሹቅ

mapo

ነጋዳይ ዓሳ

dyqan peshku

ሹቅ

qëndër tregtare

መርሳ

port

መዝናግዒ
park

ባንኪ
stol

ድልድል
urë

መደያይቦ
shkallë

ባቡር ትሕቲ ምድሪ
metro

ቢንቶ
tunel

መዕረፊ ኣውቶቡስ
stacion autobuzi

ቤት መስተ
bar

ቤት-መግቢ
restorant

ሰታሪት
kuti postare

ታቤላ
sinjalistikë rrugore

ሰዓት ፓርኪንግ
kohëmatës parkimi

መካነ እንስሳታት
kopsht zoologjik

መሓምበሲ
pishinë

መስጊድ
xhami

ከተማ - qytet

13

ቤት ሕርሻ
fermë

ብከላ
ndotje

መቃብር
varrezë

ቤተክርስትያን
kishë

ቦታ ምጽዋት
shesh lojërash

ቤት መቅደስ
tempull

ስእሊ መሬት
peisazh

አቃጽልቲ
gjethe

መሕበሪ መገዲ
tabela orientuese

መገዲ
rrugë

ሸኻ
livadh

እምኒ
gurë

ኮብላሊ
ekskursionist

አግራብ
pemë

ፈለግ
lumë

ሳዕሪ
bar

ዕንባባ
lule

ስንጥሮ

luginë

ጎቦ

kodër

ቀላይ

liqen

ዱር

pyll

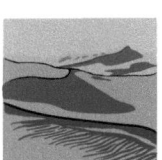

ምድረ በዳ

shkretëtirë

እሳተ-ጎመራ

vullkan

ግምቢ

kështjellë

ቀስተ-ደመና

ylber

ቃንጥሻ

kepudhë

ዓርኮብኮባይ

palmë

ጣንጡ

mushkonjë

ሃመማ

mizë

ጻጻ

milingonë

ንህቢ

bletë

ሳሬት

merimangë

ሕንዚዝ

brumbull

ዕንቍርያብ

bretkosë

ምጽጹላይ

ketër

ቅንፍዝ

iriq

ማንቲለ

lepur

ጉንኝ

buf

ጭሩ

zog

ስዋን

mjellmë

መፍለስ

derr i egër

ዓጋዘን

dre

ሙስ

dre brilopatë

ግድብ

digë

ተርባይን ንፋስ

turbinë ere

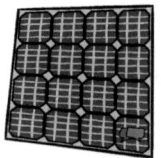

ሶላር ስርሓት

panel diellor

ኩነታት ኣየር

klimë

አሰላፊ
kamarier

ካርታ መግብታት
menu

መንበር
karrige

መረቅ
supë

ፒትሳ
pica

ክዳን ጣውላ
mbulesë tavoline

መመታተሪ
set ngrënieje

ቅድመ ቀንዲ መግቢ
pjatë e parë

ቀንዲ መአዲ
pjatë kryesore

ድሕረ መግቢ
ëmbëlsirë

መስተ
pije

መግቢ
ushqim

ጥርሙዝ
shishe

ስሉጥ መግቢ.

ushqim i shpejtë

መግቢ. ጽርግያ

ushqim i shërbyer në rrugë

ብርጭቆ ሻሂ

ibrik çaji

ታኒካ ሽኮር

kuti sheqeri

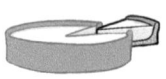

ክፋል

racion

ማሺን ኤስፕረሶ

makinë kafeje ekspres

ነዊሕ መንበር

karrige e lartë

ጸብጻብ

faturë

ታብለት

tabaka

ካራ

thika

ፉርከታ

pirun

ማንካ

lugë

ማንካ ሻሂ

lugë çaji

ሰርቪየተ

pecetë

ብኬሪ

gotë

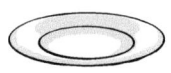

ሸሓኒ

pjatë

ሸሓኒ መረቅ

pjatë supe

ትሕቲ ኩባያ

pjatë filxhani

ጸብሒ

salcë

ወሃቢ ጨው

mbajtëse kripe

መጥሓን በርበረ

mulli piperi

ኣቾቶ

uthull

ዘይቲ

vaj

ቀመም

erëza

ከቻፕ

keçap

ኣድሪ

mustardë

ማዮኔዝ

majonezë

ሱፐርማርክት

supermarket

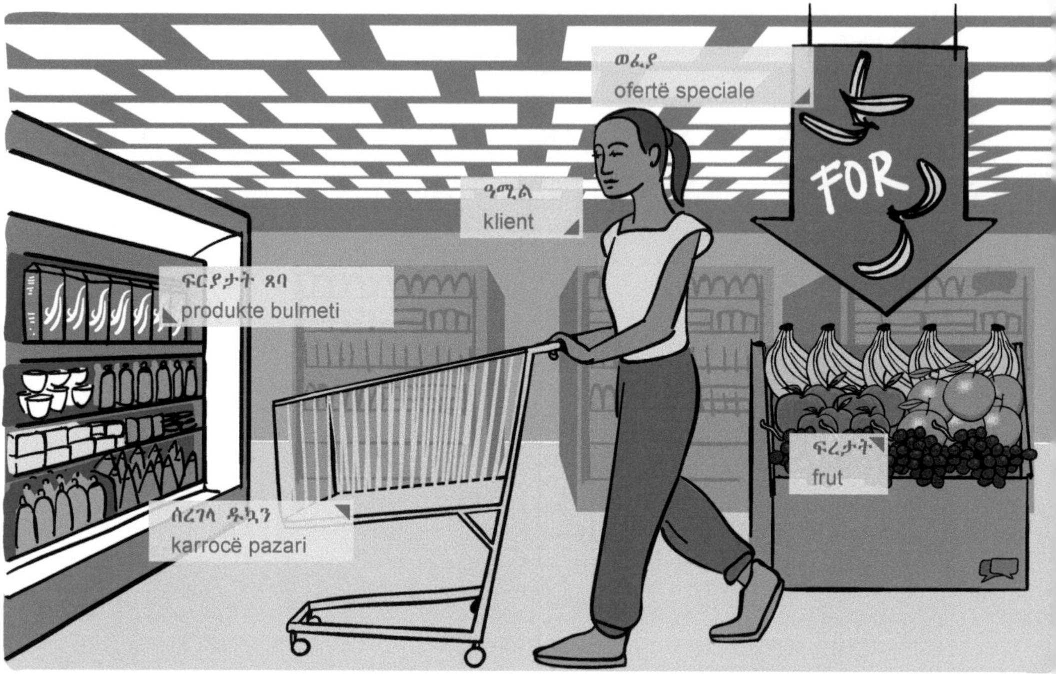

ወፈያ
ofertë speciale
ዓሚል
klient
ፍርያታት ጸባ
produkte bulmeti
ሰረገላ ዱኳን
karrocë pazari
ፍረታት
frut
FOR

BUTCHERS

እንዳ ስጋ

dyqan mishi

BAKERY

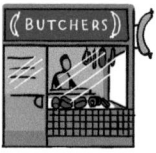

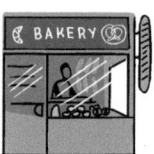

እንዳ ባኒ

furrë buke

ክብደት

peshoj

ኣሕምልቲ

perime

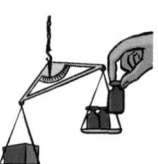

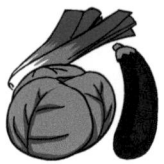

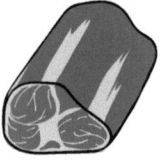

ስጋ

mish

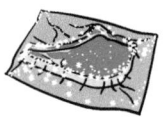

መግቢ ፍሪጅ በረድ

ushqim i ngrirë

ዝሑል ቅሩብ መግቢ

copë

እስቃጣላ

ushqim i konservuar

አሞ

pluhur larës

ምቁር መግቢ

ëmbëlsirat

ዘቤታውያን አቚሑ

prodhime shtëpie

ናውቲ መጸረዪ

produkte pastrimi

ሸቃጣይ

shitëse

ካሳ

kasë fiskale

ተሓዝ ገንዘብ

arkëtar

ዝርዝር ምግዛእ

listë blerjeje

ክፉት ሰዓታት

oraret e punës

ማሕፉዳ

portofol

ክረዲት ካርድ

kartë krediti

ሳንጣ

çantë

ፌስታል

qese plastike

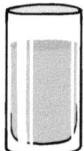

ማይ
....
ujë

ጽማቑ
....
lëng frutash

ጸባ
....
qumësht

ኮላ
....
koka-kola

ነቢት
....
verë

ቢራ
....
birrë

አልኮል
....
alkool

ካካው
....
kakao

ሻሂ
....
çaj

ቡን
....
kafe

ኤስፕረሶ
....
kafe ekspres

ካፑቺኖ
....
kapuçino

ባናና

banane

ቱፋሕ

mollë

አራንሺ

portokalle

ብርጯቆ

pjepër

ለሚን

limon

ካሮት

karrotë

ጻዕዳ ሽጉርቲ

hudhër

ባምቡስ

bambu

ሽጉርቲ

qepë

ቅንጠሻ

kërpudha

ፉል

arra

ፓስታ

makarona

ስፓገቲ

spageti

ሩዝ

oriz

ሰላጣ

sallatë

ቅልዋ ድንሽ

patate të skuqura

ቅሉው ድንሽ

patate të skuqura

ፒትሳ

pica

ሃምቡርገር

hamburger

ፓኒኖ

sanduiç

ቢስተካ

shnicel

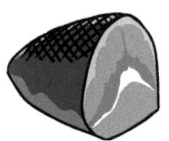

ሰለፍ ሓሰማ

proshutë

ሳላሚ

sallam

ግዕዝም

salçiçe

ደርሆ

pulë

ቀለወ

skuq

ዓሳ

peshk

ገዓት
tërshërë

ሙስሊ
drithëra

ኮርንፍለይክስ
kornfleiks

ሓርጭ
miell

ክሮሶን
kruasant

ባኒ
panine

ባኒ
bukë

ቶስት
tost

ብሽኮቲ
biskotë

ጠስሚ
gjalp

ርጎአ
gjizë

ፓስተ
tortë

እንቋቍሓ
vezë

ቅሉው እንቋቍሓ
vezë sy

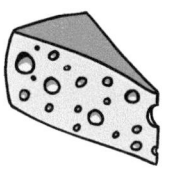

ፋርማጆ
djathë

አይስ ክሪም
akullore

ሽኮር
sheqer

መዓር
mjaltë

ጃም
marmaladë

ኑጋት-ክሪም
çokokrem

ኩሪ
këri

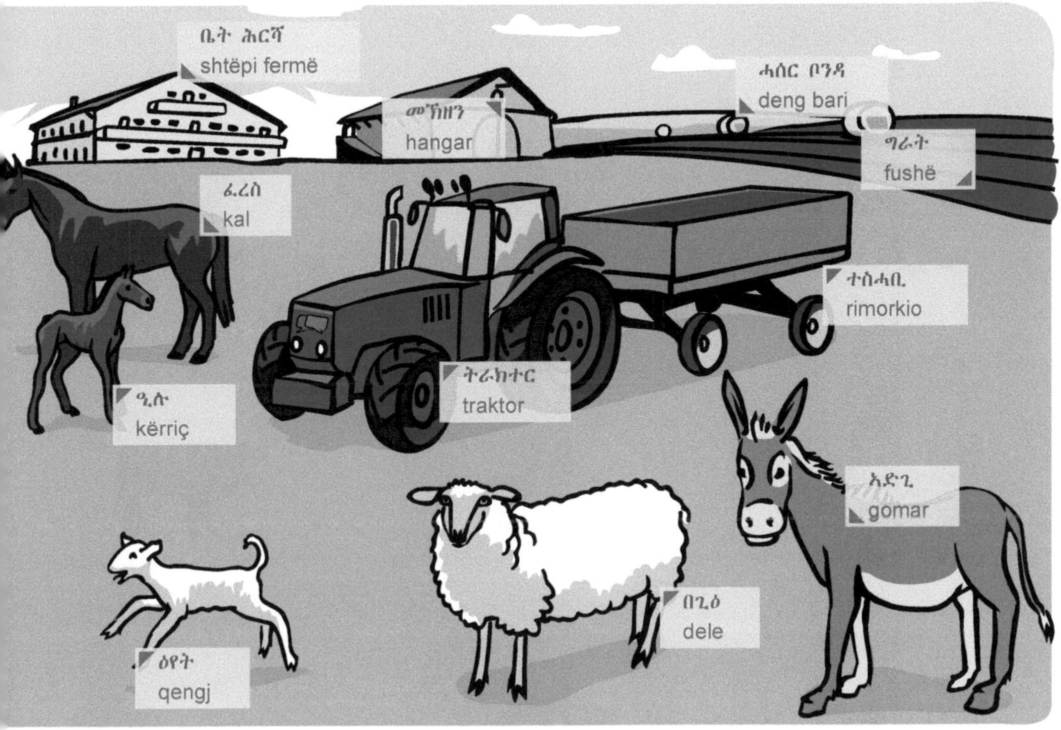

ቤት ሕርሻ
shtëpi fermë

መኽዘን
hangar

ሓሰር ቦንዳ
deng bari

ግራት
fushë

ፈረስ
kal

ተስሓቢ
rimorkio

ዒሱ
kërriç

ትራክተር
traktor

አድጊ
gomar

ዕየት
qengj

በጊዕ
dele

ጤል
dhi

ብዕራይ
lopë

ምራኽ
viç

ሓሰማ
derr

ውላድ ሓሰማ
derrkuc

ኣርሓ
dem

ዓሳ

patë

ማይ ደርሆ

rosë

ጫቹት

zog pule

ደርሆ

pulë

አርሓ ደርሆ

gjel

አንጨዋ ዓባይ

mi

ድሙ

mace

አንጭዋ

mi

ብዕራይ

buall

ከልቢ

qen

አጎዶ ከልቢ

kolibe qeni

ቱባ ጅርዲን

zorrë vaditëse

መዝፈፈ ማይ

vaditëse

ዓቢ ማዕጺድ

kosë

ማሕረሻ

plug

ማዕጺድ

drapër

ጭኳሮ

shat

መስአ

kosa

ፋስ

sëpatë

ዓረብያ ኢድ

karrocë

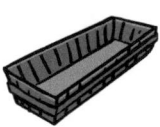

ጋብላ

govatë

ብርጭቆ ጸባ

bidon qumështi

ክሻ

thes

ሓጹር

gardh

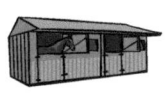

መንሰስ

ahur

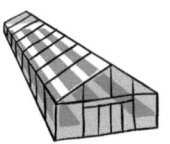

ቆጠልያ ገዛ

serë

ባይታ

dhe

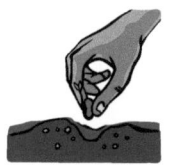

ዘርኢ

farë

ድኵዒ

pleh

ዘጣምር ቀውዓይ

autokombanjë

ቀውዐ

korr

ጻጋ

te korrat

ድንሽ ያም

patate e ëmbël "Yam"

ስርናይ

grurë

ሶያ

soja

ድንሽ

patate

ዕፉን

misër

ራፕስ

raps

ገረብ ፍረታት

pemë frutore

ማኒኦክ

zhardhok manioku

አእኻል

drithëra

shtëpi

መውጽእ ትኪ
oxhak

ናሕሲ
çati

መውሓዝ ዝናብ
shkarkues uji

መስኮት
dritare

ጋራጅ
garazh

ጥሪ መበሊ.ት
zile e derës

ማዕዶ
derë

ነሓፍ መገለል
kosh plehërash

ቦክስ ደብዳበ
kuti postare

ጀርዲን
kopësht

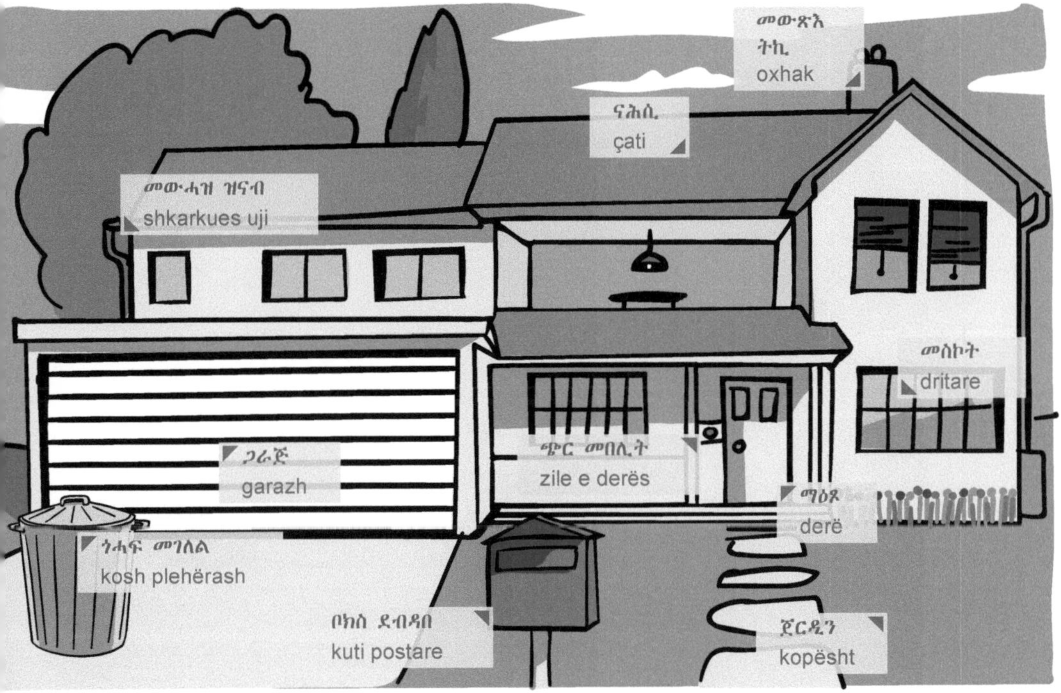

ክፍሊ. ምቕማጥ

dhomë ndenjeje

ክፍሊ. ባንዮ

tualet

ክሽነ

kuzhinë

ክፍሊ. መደቀሲ.

dhomë gjumi

ክፍሊ. ቆልዑ

dhomë fëmijësh

መመገቢ. ክፍሊ.

dhomë ngrënieje

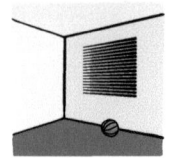

ባይታ
dysheme

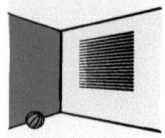

መንደቅ
mur

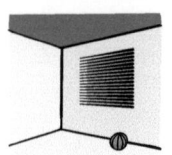

ከቦርታ
tavan

ካንቲና
bodrum

ሳውና
sauna

ባልኮን
ballkon

ዛላ
tarracë

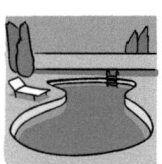

መሕምበሲ
pishinë

መቑረጺ ሳዕሪ
kositëse bari

አንሶላ ዓራት
çarçaf

ከቦርታ ዓራት
kuvertë

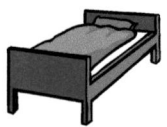

ዓራት
krevat

መኹስተር
fshesë dore

መገለል
kovë

መወልዊት
çelës

ክፍሊ ምቕማጥ

dhomë ndenjeje

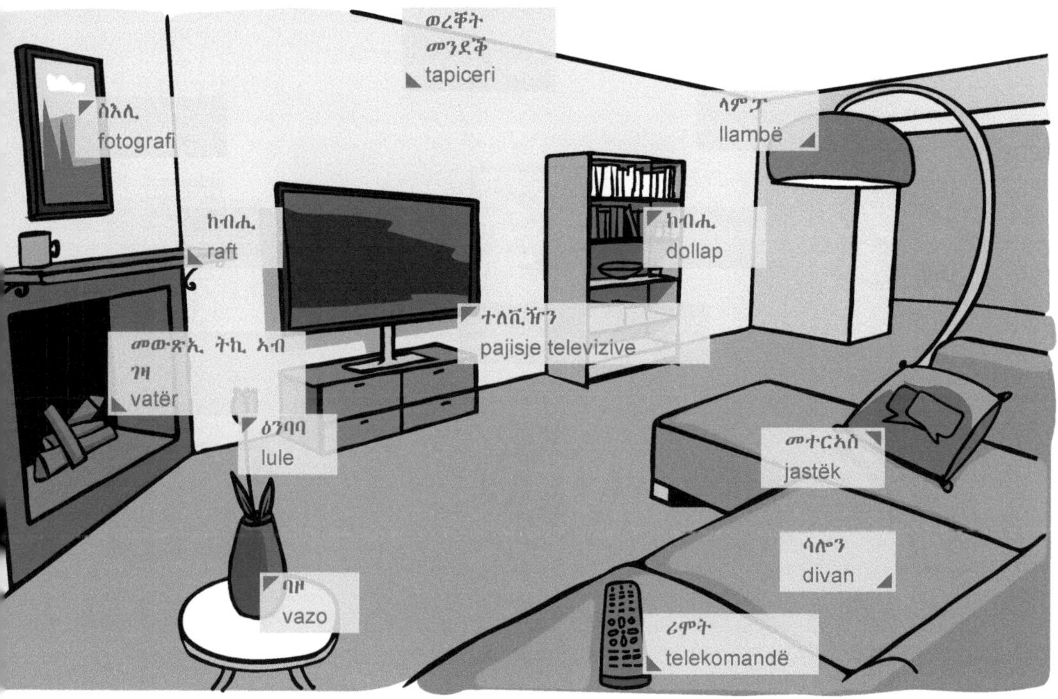

ወረቐት መንደቕ
tapiceri
ስእሊ
fotografi
ላምፓ
llambë
ከብሒ
raft
ከብሒ
dollap
ተለቪዥን
pajisje televizive
መውጽኢ ትኪ ኣብ ገዛ
vatër
ዕንባባ
lule
መተርኣስ
jastëk
ሳሎን
divan
ባዞ
vazo
ሪሞት
telekomandë

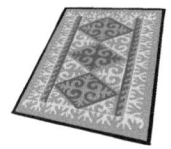

መንጸፍ

qilim

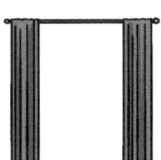

መጋረጃ

perde

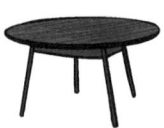

ጣውላ

tavolinë

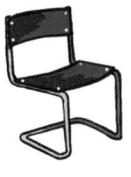

መንበር

karrige

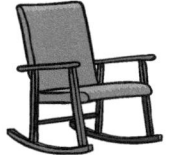

ሰለል ዝብል መንበር

karrige lëkundëse

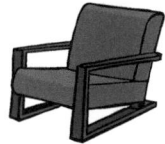

መንበር ምቹእ

kolltuk

መጽሓፍ

libri

ከበርታ

batanije

ስልማት

zbukurime

እንጨይቲ ሓዊ

dru zjarri

ፊልም

film

ስተረዮ

stereo

መፍትሕ

çelës

ጋዜጣ

gazetë

ቕብኣ

pikturë

ፖስተር

afishe

ረድዮ

radio

ጥራዝ

bllok shënimesh

መልገሲ ደሮና

fshesë me korent

በለስ

kaktus

ሽምዓ

qiri

ክሽነ
kuzhinë

መዝሓሊ
frigorifer
ሚክሮቨላ
mikrovalë
ሚዛን ክሽነ
peshore kuzhine
ቶስተር
toster
መጽረዪ
detergjent
እቶን
furrë
መዝሓሊ በረድ
ngrirës
ጎሓፍ መገለል
kosh plehërash
መጽረዪ ኣቕሑ መግቢ
lavastovilje

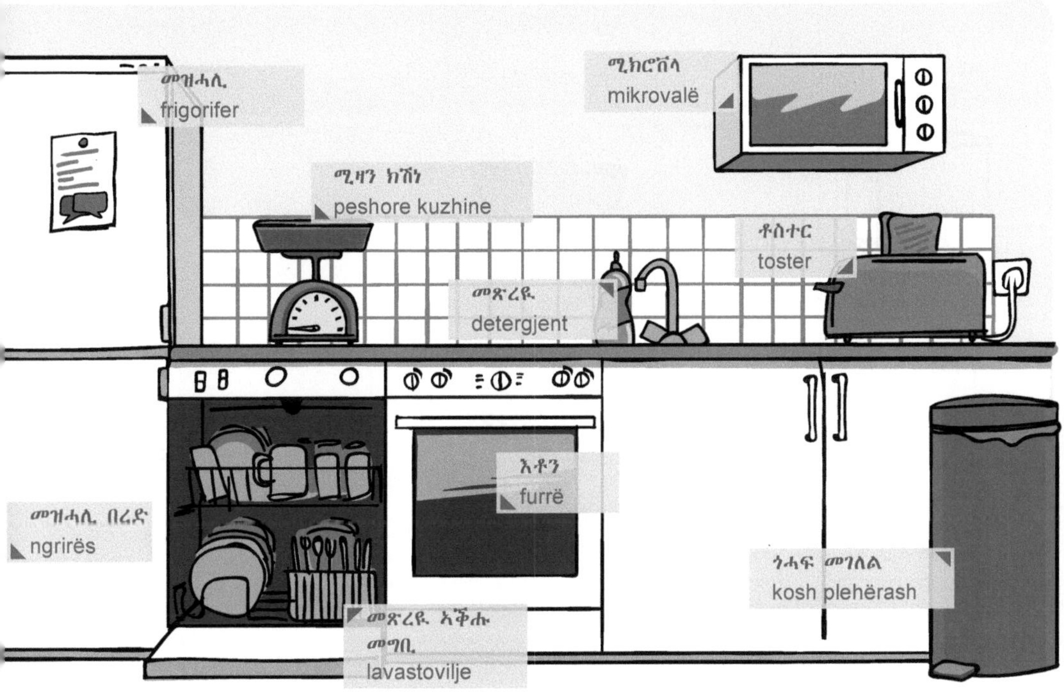

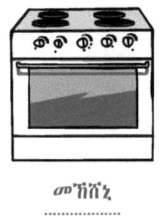

መኽሸኒ

sobë

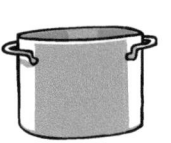

ድስቲ

tenxhere

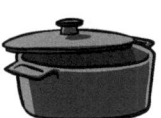

ድስቲ ሓጺን

tenxhere me kapak

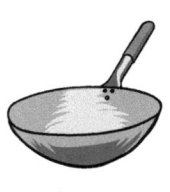

ቮክ/ካዳይ

tigan special (Wok)

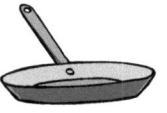

ባደላ

tigan

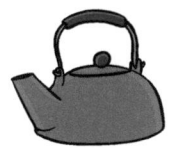

መውዓዪ ማይ

çajnik

መፍልሒ

tenxhere me avull

ንቴራ ምስንካት

tavë pjekjeje

ኣቑሑ መግቢ

enë

ብርጭቆ

filxhan

ጭሓሎ

tas

ማንካቺና

shkopinj

ማንካ መረቕ

garuzhde

መገልበጢ ባደላ

spatul

መኸስተር ውርጪ

tel kuzhine

መንፈት መግቢ

kulluese

መንፈት

sitë

መፋሕፍሒ

rende

ሞርታር

havan

ባርቢክዩ

skarë

ስፍራ ሓዊ

zjarr

እንጨይቲ ምምታር

dërrasë për prerje

እንጨይቲ ኮረር

okllai

መኽፈት ቡሽ

heqëse tapash

ታኒካ

kanaçe

መኽፈቲ ታኒካ

hapëse kanaçeje

ጨርቂ ድስቲ

rrobë për të kapur tenxheren

ቡምባ

lavaman

እስባስላ

furçë

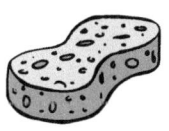

ሰፍነግ

sfungjer

ሓዋሲ አደባላጄ

përzjerës

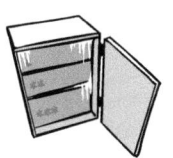

መዝሓሊ በረድ

ngrirës

ጥርሙዝ ማማይ

biberon për lëngje

ቡምባ ማይ

rubinet

ክፍሊ ባንዮ

tualet

መውዓዪ
ngrohje
ሽጎማኖ
peshqirë
መሕጸቢ ሻወር
dush
ሻወር መጋረጃ
perde dushi
መሕጸቢ ዓፍራ
vaskë me shkumë
ባንዮ መሕጸቢ
vaskë
ብኬሪ
gotë
ሓጻቢት
lavatriçe
ቡምባ ማይ
rubinet
ማቶነላ
pllaka
ድስቲ
oturak
ቡምባ
lavaman

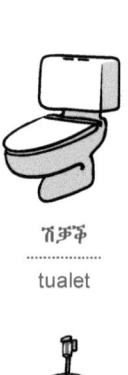

ሽቓቕ

tualet

ሽቓቕ ኮፍ

WC e sheshtë

በዴ

bide

ሽቓቕ ተባዕታይ

tualet publik

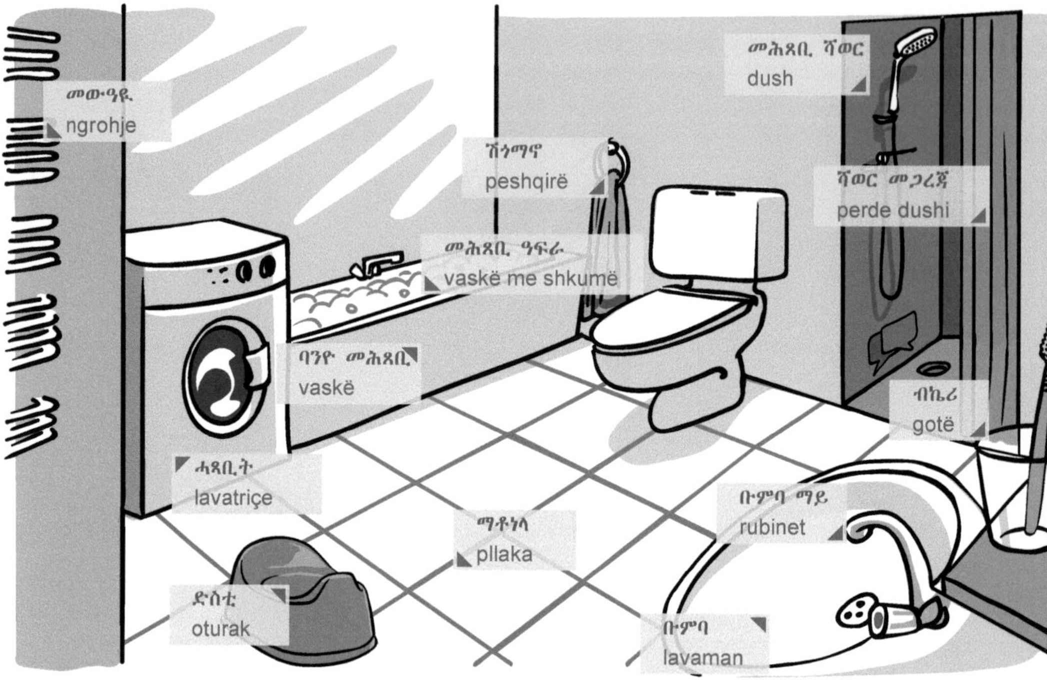

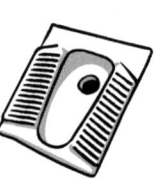

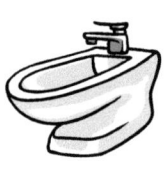

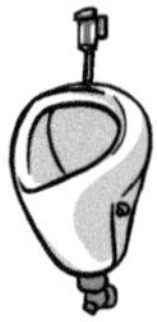

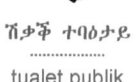

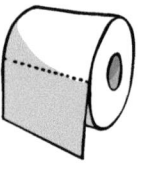

ወረቐት ሽቓቕ

letër higjienike

ኣስባስላ ሽቓቕ

furçe për WC

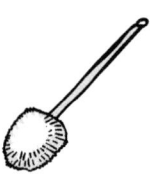

አስባስላ ስኒ

furçë dhëmbësh

ክረማ ስኒ

pastë dhëmbësh

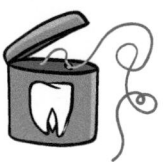

ሃሪ ስኒ

fije dentare

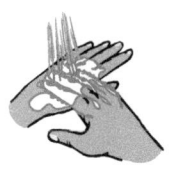

ሓጸበ

laj

ዱሽ ኢድ

dorezë dushi

ዱሽ

larës për zonën intime

ብርጭቆ ምሕጸብ

legen

አስባስላ ሕጅ

furçë për masazh shpine

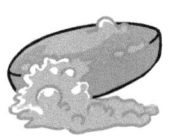

ሳምና

sapun

ሻወር ጀል

shampo trupi

ሻምፑ

shampo

ጨርቂ መሕጸቢ

leckë pastruese

መውሓዚ

kullues

ክረማ

krem

ደዮ ጨና

antidjersë

መስትያት

pasqyrë

ናይ ኢድ መስትያት

pasqyrë dore

መላጸ

brisk rroje

ዓፍራ ምልጻይ

shkumë rroje

ጨና ድሕሪ ምልጻይ

locion pas rrojes

መመሸጥ

krehër

አስባስላ

furçë

መንቐጺ ጸግሪ

tharëse flokësh

ስፕረይ ጸግሪ

llak për flokët

መመለኻዒ

grim

ብርዒ ቀለም ከንፈር

buzëkuq

አዝማልቶ

manikyr

ጸምሪ ጡጥ

mbushje pambuku

መስደዲ ጽፍሪ

gërshërë për thonj

ጨና

parfum

ሳንጣ መሕጸቢ

çantë për sendet personale

ድኳ

Stol

ሚዛን

peshore

ክዳን መሕጸቢ

robëdëshambër

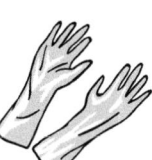

ጓንቲ መጸረዩ

dorashka gome

ታምፓን

tampon

ጨርቂ ሰበይቲ

peceta higjienike

ሽቻኞ ከሚስትሪ

tualet I lëvizshëm

ክፍሊ ቆልዑ

dhomë fëmijësh

ኣላርም መተስኢ
orë me zile
መጻወቲ እንስሳ
lodra me pellushë
መጻወቲ መኪና
makinë lodër
ቤት ባምቡላ
shtëpi kukullash
ህያብ
dhuratë
ኳሕኳሕ መበሊ
rraketake

ባላንችና

tollumbace

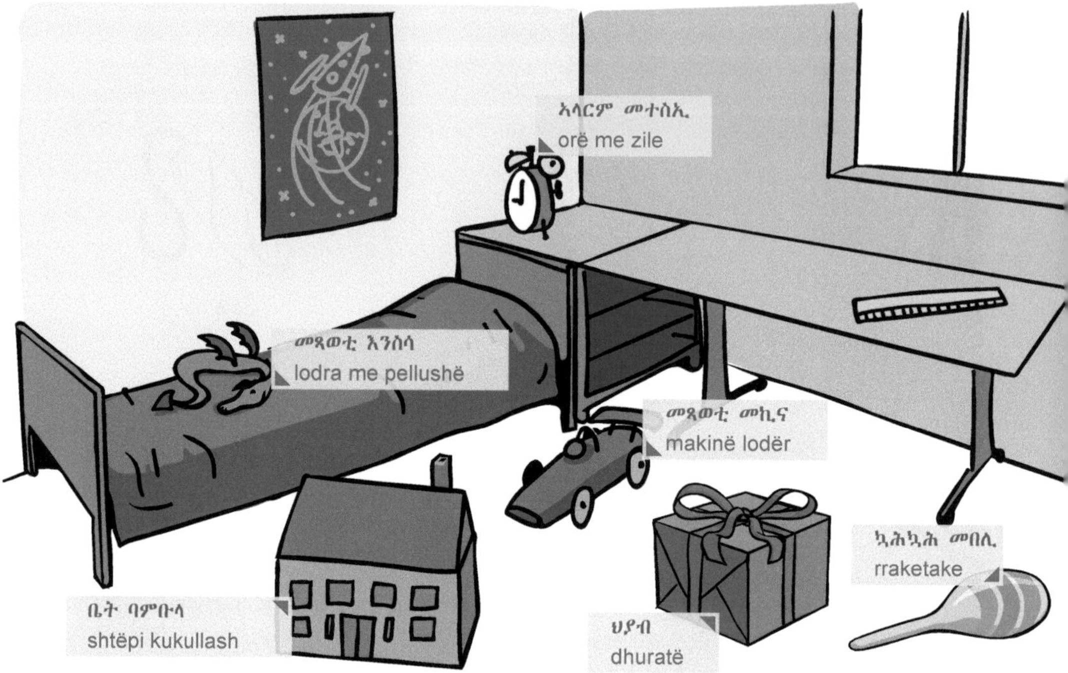

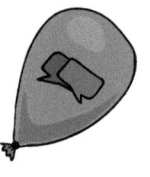

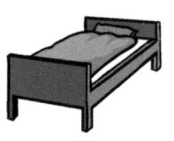

ዓራት

krevat

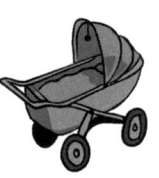

ሰረገላ ህጻን

karrocë fëmijësh

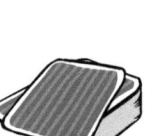

ጸወታ ካርታ

lojë me letra

ሕንቅሊተይ

bashkim pjesësh me figura

SUPER
MEGA

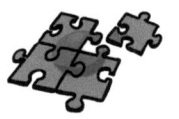

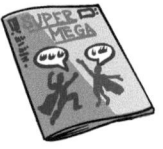

ኮሚዲ

komik

እምንታት መጸወቲ ለጎ
....
formuese lodër

መጸወቲ እምንታት
....
kuba plastikë

በዓል አክቸን
....
lodra

ክዳን ማማይ
....
badi

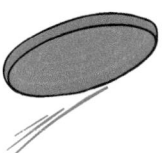

ፍሪስቢ
....
frizbi

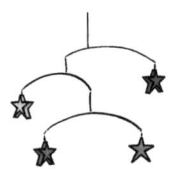

ሞባይል ማማይ
....
lodra të varura tek krevati i fëmijëve

ጸወታ ሰሌዳ
....
tavolinë lojërash

ኩቦ
....
zare

ሞደል ባቡር ምድሪ
....
model treni

ዓባስ
....
biberon

ፓርቲ
....
festë

መጽሓፍ ስእሊ
....
libër me ilustrime

ኩዕሶ
....
top

ባምቡላ
....
kukull

ተጸወተ
....
luaj

መጻወቲ ሓጺ

grumbull rëre

ሰላል

kolovarëse

መጻወቲታት

lodra

ኮንሶል ቪድዮ

leva për lojra video

መጻወቲ ሰለስተ መንኮርኮር

triçikël

ተዲ

arush prej pellushi

ከብሒ ክዳን

garderobë

ካልስታት

çorape

ነዊሕ ካልስታት

çorape të gjata

ስረ ካልሲ

geta

ሻርባ
shall

ጽላል
çadër

ቁልፊ
rrip

ማልያ
bluzë pa jakë

ሪፋዕ
çizme

ጫማ ገዛ
pantofla

ስኒከርስ
atlete

ሽበጥ
....
sandale

ጫማ
....
këpucë

ሪፋዕ ጎማ
....
çizme llastiku

ሙታንታ
....
të mbathura

ክዳን ጡብ
....
reçipeta

ትሕተ ካሚቻ
....
kanotierë

ክዳን - veshje   45

ቦዴ
trup

ስረ
pantallona

ጂንስ
xhinse

ቀምሽ
fund

ካምቻ
bluzë

ካሚቻ
këmishë

ጉልፎ
pulovër

ጎልፎ
triko

ጃኬት
xhaketë

ጃከት
xhaketë

ጁባ
pallto

ክዳን ዝናብ
mushama shiu

ኮስቱም
kostum

ቀምሽ
fustan

ቀምሽ መርዓ
fustan nusërie

ልብሲ.

kostum

ካሚቻ ለይቲ

këmishë nate

ክዳን ለይቲ

pizhama

ሳሪ

sari (veshje tradicionale indiane)

መሃረብ ርእሲ.

shami koke

ቱርባን

çallmë

ቡርካ

veshje për femrat e besimit musliman

ካፍታን

kaftan (lloj veshjeje tradicionale)

አባያ

ferexhe

ክዳን መሕምበሲ.

kostum banje

ስረ መሕምበሲ.

rroba banje

ሓጺር ስረ

pantallona të shkurtra

ክዳን ታዕሊም

tuta sporti

በጀ ክዳን

përparëse

ጓንቲ

dorashka

መልጎም
....
kopsë

መነጽር
....
syze

በንናጅር
....
byzylyk

ማዕተብ
....
gjerdan

ቀለበት
....
unazë

ኩትሻ
....
vath

ቆብዕ
....
kapuç

መንበሪ ጁባ
....
varëse për pallto

ባርኔጣ
....
kapele

ካርራሻት
....
kravatë

ሻርኔጣ
....
zinxhir

ሀልመት
....
helmetë

መድልደል ስረ
....
tiranda

ድቢዛ ቤትትምህርቲ
....
uniformë shkolle

ድቢዛ
....
uniformë

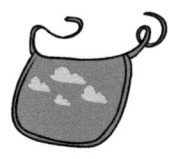

ሰደርያ ቆልዓ

gushore

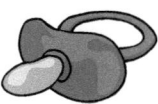

ዓባስ

biberon

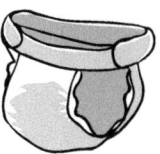

ጨርቂ ማማይ

pelenë

ቤት ጽሕፈት

zyrë

ሰርቨር
server
ከብሒ ሰነድ
skedar
ወረቐት
letër
ፕሪንተር
printer
ሞኒቶር
ekran
ኣንጭዋ
maus
ጣውላ ምጽሓፍ
tavolinë
ሓጃፊ
dosje
ኪቦርድ
tastierë
ጎሓፍ ወረቐት
kosh letrash
ኮምፒተር
kompjuter
መንበር
karrige

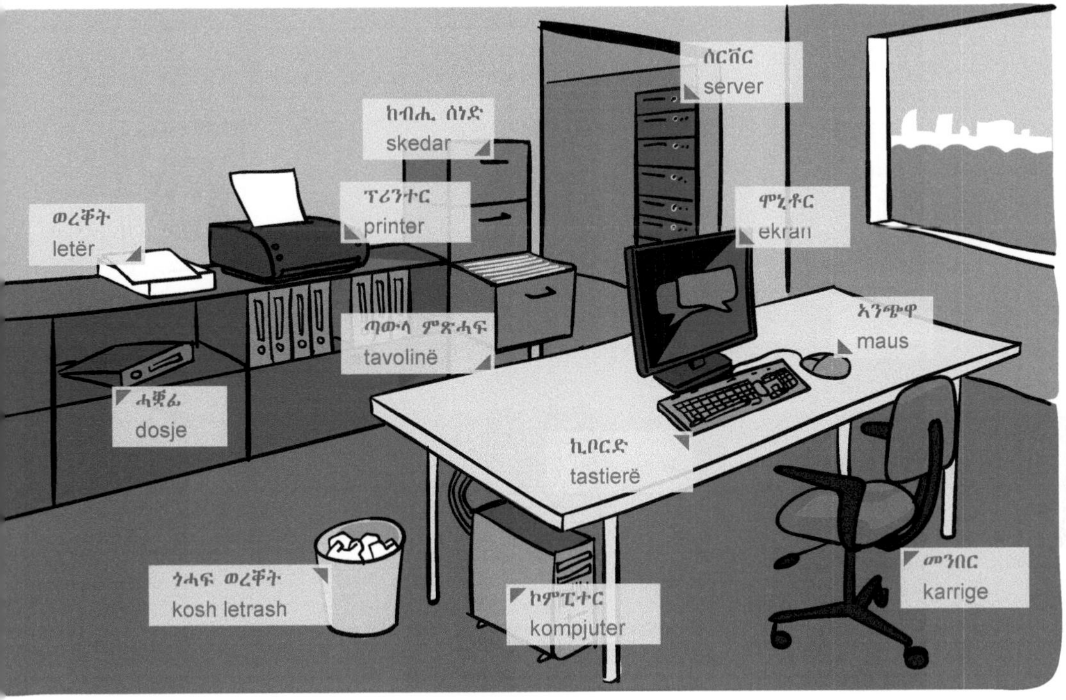

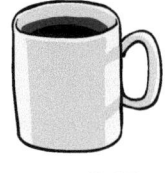

ብርጭቆ ቡን

filxhan kafeje

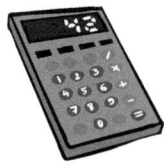

ካልኩለተር

makinë llogaritëse

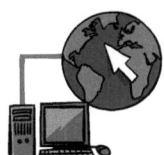

ኢንተርነት

internet

ለፕቶፕ

kompjuter portativ

ደብዳበ

letër

መልእኽቲ

mesazh

ሞባይል

telefon

ነትወርክ/መርበብ

rrjet

መቅድሒ ፎቶኮፒ

fotokopje

ሶፍትዌር

program

ተለፎን

telefon

ሶከት ኳረንቲ

prizë

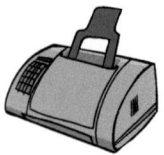

ፋክስ

pajisje faksi

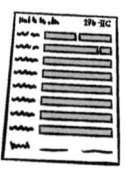

ፎርም

formular

ሰነድ

dokument

ገዝአ

blej

ከፈለ

paguaj

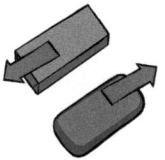

ንግዴ

tregtoj

ገንዘብ

para

ዶላር

dollar

አይሮ

euro

የን

jen

ሩብል

rubla

ስዊዝ ፍራንከን

franga zvicerane

ረንሚንቢ ዩዋን

juani kinez

ሩፒየ

rupje

መውጽኢ ማሺን ገንዘብ

bankomat

በታ ቅያር ገንዘብ

pikë këmbimi valutor

ወርቂ

ar

ብሩር

argjend

ዘይቲ

nafta

ሓይሊ

energji

ዋጋ

çmim

ውዕል

kontratë

ቀረጽ

taksë

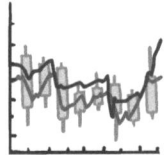

እኩብ ጥሪ-ነገራት

aksione

ሰርሐ

punoj

ሰራሕተኛ

punonjës

ኣስራሒ

punëdhënës

ትካል

fabrikë

ዱኳን

dyqan

ሞያታት

profesionet

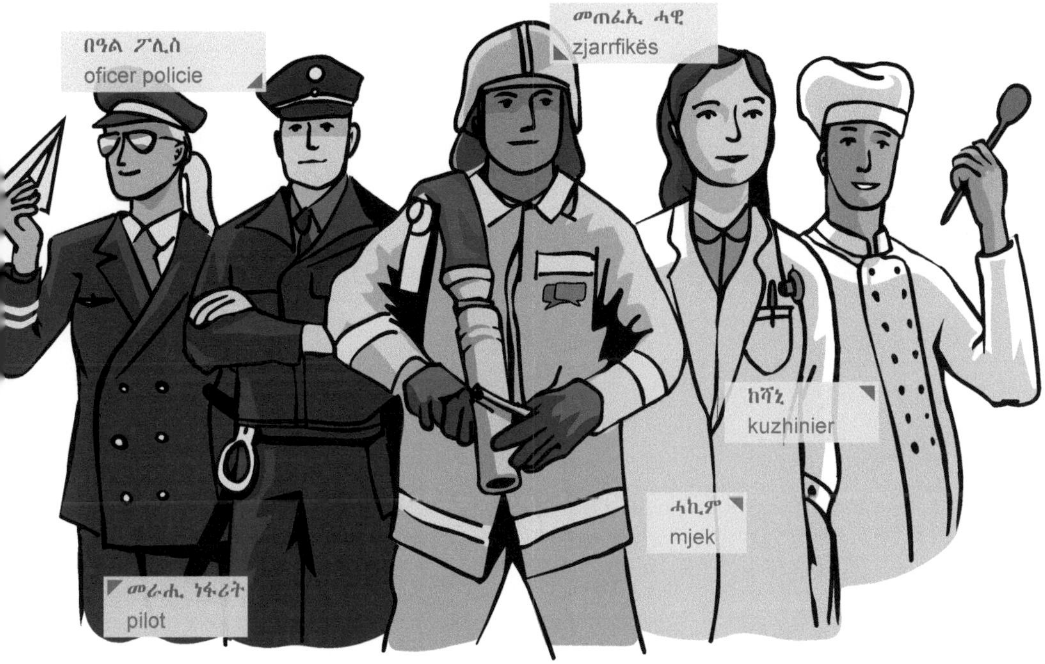
በዓል ፖሊስ
oficer policie
መጠፊኢ ሓዊ
zjarrfikës
ከሻኒ
kuzhinier
ሓኪም
mjek
መራሒ ነፋሪት
pilot

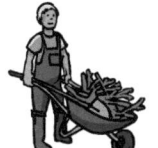

ሰራሕተኛ ጀርዲን

kopshtar

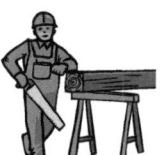

ጸራቢ ዕንጸይቲ

marangoz

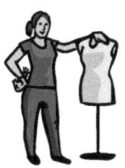

ሰፋይት

rrobaqepëse

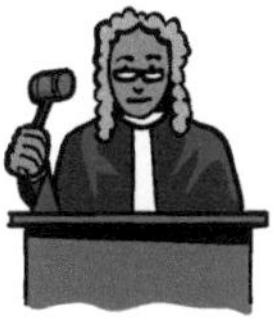

ፈራዳይ

gjykatës

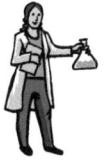

ቀማሚ

kimist

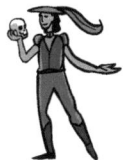

ተዋሳኢ

aktor

መራሒ አዉቶቡስ

shofer autobuzi

አዉቲስታ ታክሲ.

taksist

ገፋፈ ዓሳ

peshkatar

ጸራጊት

pastruese

ሃናጸይ ናሕሲ.

riparues çatish

አሰላፊ

kamarier

ሃዳናይ

gjuetar

ሰኣላይ

piktor

እንዳ ሕብስቲ

furrxhi

ኤለትሪከኛ

elektriçist

ሃናጺ ኣባይቲ

ndërtues

ሃንዳሲ.

inxhinier

ሰራሕተኛ እንዳ ስጋ

kasap

ድራብሊኮ

hidraulik

ኣማላላሲ ፖስጣ

postieri

ወታሃደር

ushtar

መሃንድስ

arkitekt

ተሃዝ ገንዘብ

arkëtar

ሰራሕተኛ ዕምባባ

luleshitës

ቀም ቃማይ

berber

ፈተሪኖ

kontrollor

መካኒክ

mekanik

መራሒ መርከብ

kapiten

ሓኪም ስኒ

dentist

ተመራማሪ

shkencëtar

ራቢ

rabin

ኢማም

imam

ፈላሲ

murg

ቀሺ

klerik

ሞደሻ
çekiç

ጉጤት
pinca

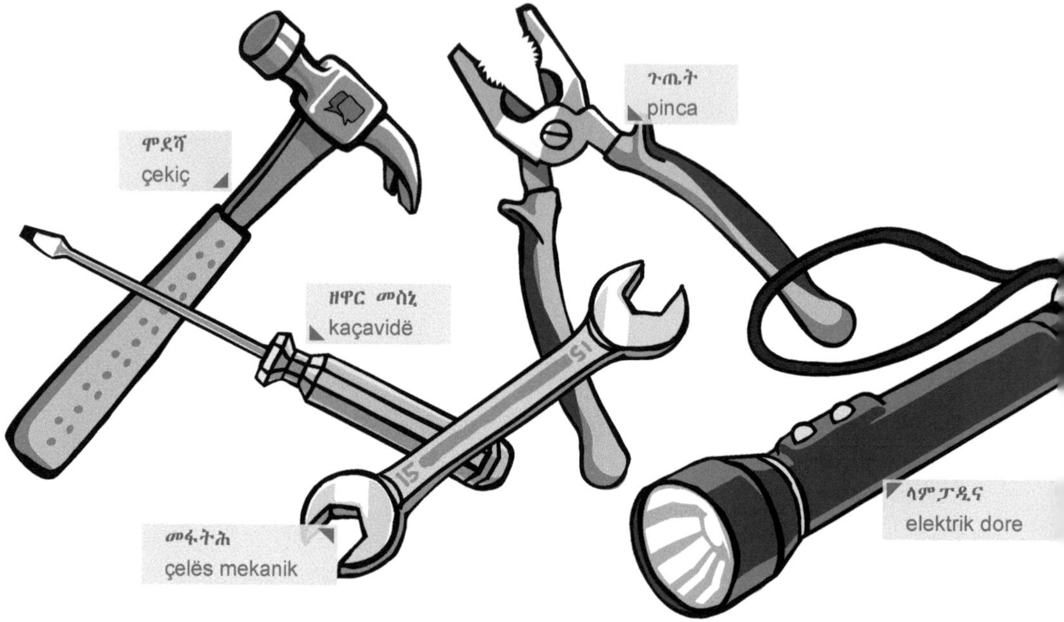

ዘዋር መስኒ
kaçavidë

መፋትሕ
çelës mekanik

ላምፓዲና
elektrik dore

ፈሓሪ
ekskavator

ናውቲ ቦክስ
kuti veglash

መደያይቦ
shkallë

መጋዝ
sharrë

መስማር
gozhdë

ኩዓቲ
trapan

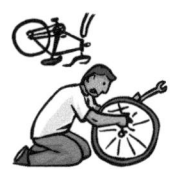

ምዕራይ

riparoj

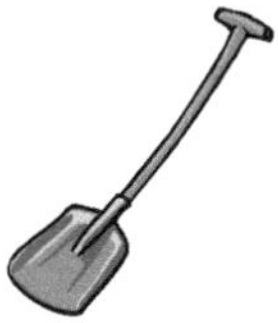

ባደላ

lopatë

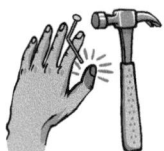

ኣይ!

Dreq!

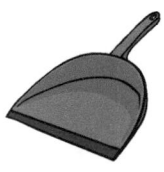

መትሓዚ ዶሮና

kaci

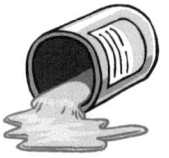

ድስቲ ቀለም

kuti boje

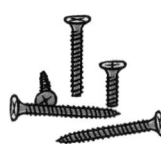

ካቻቢተ

vidhë

መሳርሒ ሙዚቃ
instrumenta muzikorë

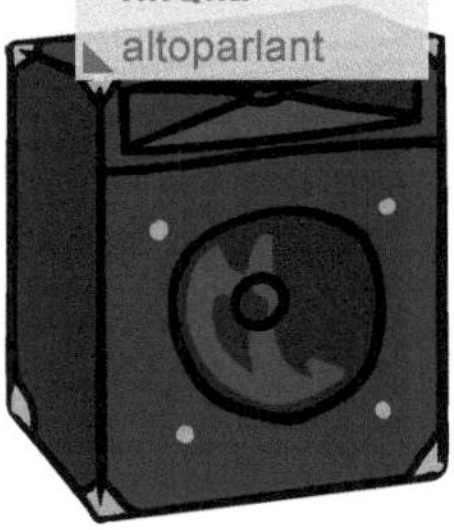

እስፒከር
altoparlant

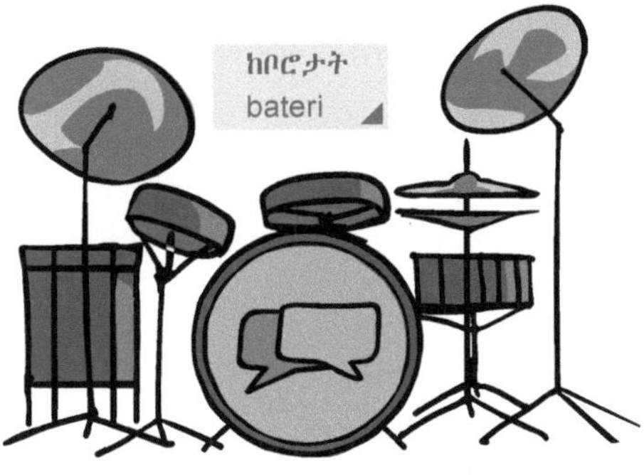

ከበሮታት
bateri

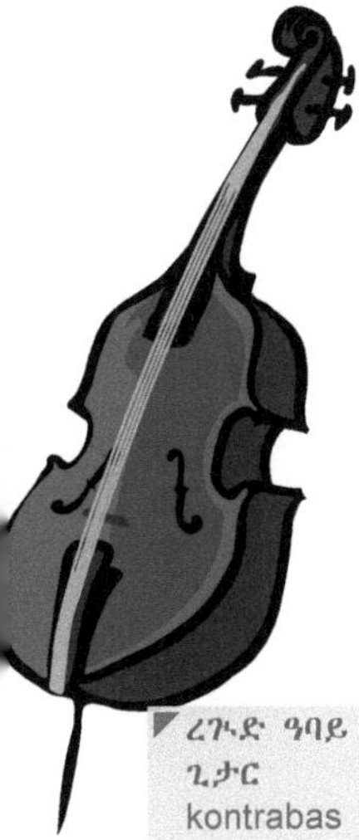

ረጉድ ዓባይ ጊታር
kontrabas

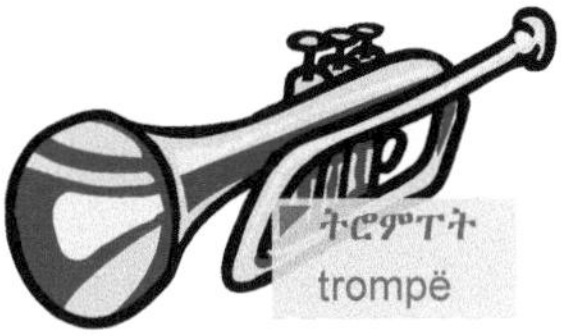

ትሮምፐት
trompë

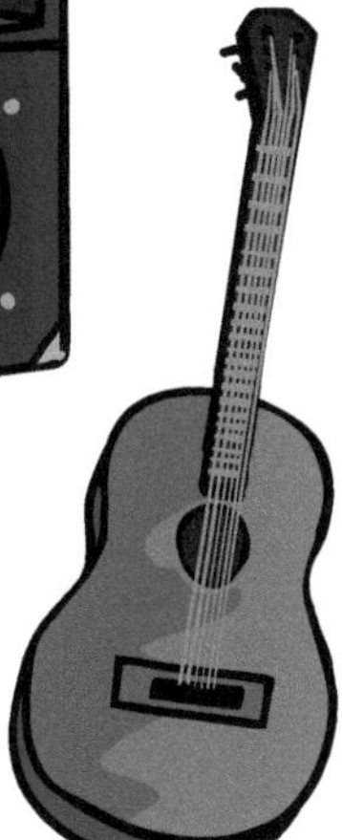

ጊታር
kitare

ፒያኖ

piano

ቪዮሊን

violinë

ባስ ጊታር

bas

ቲምንኢ

tamburë

ከቦሮ

daulle

ኦርጋን

tastierë pianoje

ሳክሶፎን

saksofon

ሻምብቆ

flaut

ሚክሮፎን

mikrofon

መካነ እንስሳታት

kopsht zoologjik

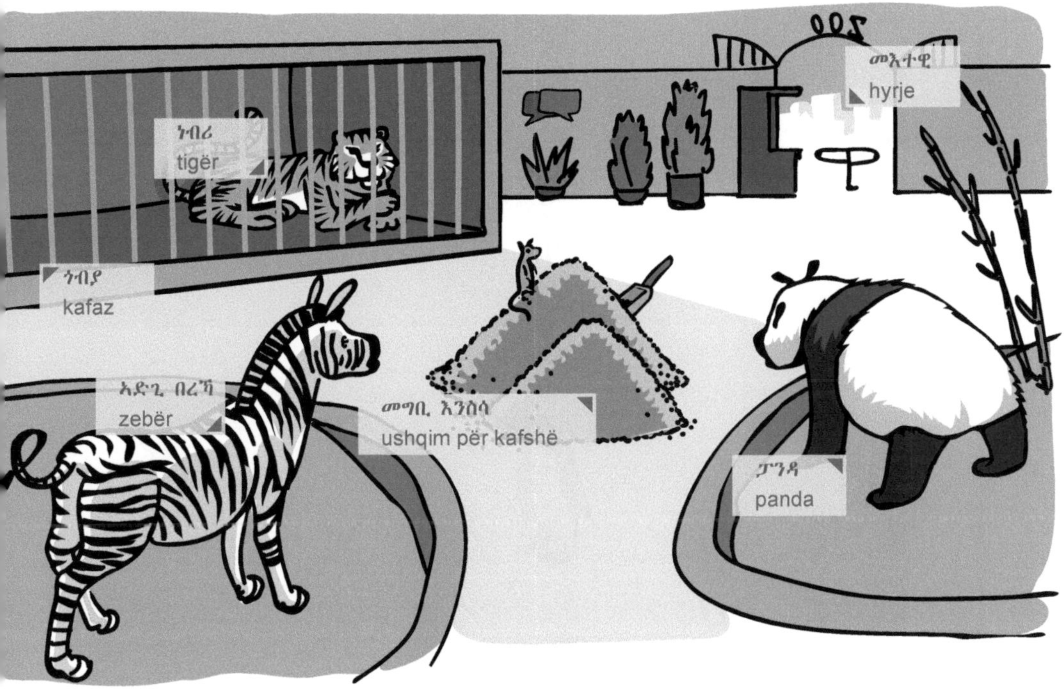

መእተዊ
hyrje
ነብሪ
tigër
ኑብያ
kafaz
ኣድጊ በረኻ
zebër
መግቢ እንስሳ
ushqim për kafshë
ፓንዳ
panda

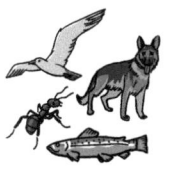

እንስሳታት

kafshë

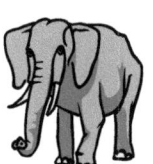

ሓርማዝ

elefant

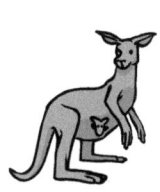

ካንጋሩ

kangur

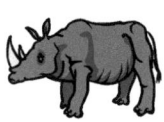

ሓሪሽ

rinoceront

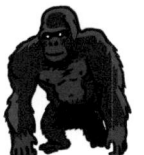

ጉሪላ

gorillë

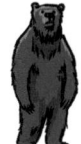

ድቢ

ari

ገመል

deve

ሰገን

struc

አንበሳ

luan

ህበይ

majmun

ፍላሚንጎ

flamingo

ሕንጻይ

papagall

ድቢ በረድ

ari polar

ፐንጒን

pinguin

ከልቢ ዓሳ

peshkaqen

ጣዉስ

pallua

ተመን

gjarpër

ሓርገጽ

krokodil

ሓላዊ ቤት ገርድሽ

punonjës i kopshtit zoologjik

ዓሳ ዚምገብ እንስሳ ባሕሪ

fokë

ጆጓር

xhaguar

ሓጺር ፈረስ
....
poni

ነብሪ
....
leopard

ጉማሪ
....
hipopotam

ጇራፍ
....
gjirafë

ሊላ
....
shqiponjë

መፍለስ
....
derr i egër

ዓሳ
....
peshk

ጎብየ
....
breshkë

ዋልሩስ
....
lopë deti

ወኽርያ
....
dhelpër

ሰስሓ
....
gazelë

ናይ አሜሪካ ኩዕሶ እግሪ
futboll amerikan

ምዝዋር ብሽግለታ
çiklizëm

ተኒስ
tenis

ባስከትባል
basketboll

ምሕምባስ
not

ቦክሲንግ
boks

ሆኪ በረድ
hokej mbi akull

ኩዕሶ እግሪ
....
futboll

ባድሚንቶን
....
badminton

እስፖርታዊ ንጥፈታት
....
atletikë

ኩዕሶ ኢድ
....
hendboll

ስኪ
....
ski

ፖሎ
....
polo

ሰሓቒ qesh

ነጠረ hidhem

ሓቆፈ përqafoj

ከደ eci

ደረፈ këndoj

ሓለሰ ëndërroj

ጸለየ lutem

ሰዓመ puth

ጸሓፈ
shkruaj

ሰአለ
vizatoj

አርአየ
tregoj

ደፍአ
shtyj

ሃበ
jap

ወሰደ
marr

አለወ

kam

ገበረ

bëj

ኮነ

jam

ጠጠው በለ

qëndroj

ጎየየ

vrapoj

ሰሓበ

tërheq

ሰንደወ

hedh

ወደቐ

bie

ሓሰወ

shtrihem

ተጸበየ

pres

ሰከምም

mbaj

ኮፍ በለ

ulem

ተኸድነ

vishem

ደቀሰ

fle

ተስአ

zgjohem

ረኣየ

shikoj

በኸየ

qaj

ብኣጻብዑ ደረዘ

përkëdhel

መሽጠ

kreh

ተዛረበ

bisedoj

ተረድአ

kuptoj

ሓተተ

kërkoj

ሰምዐ

dëgjoj

ሰተየ

pi

በልዐ

ha

አቐመጠ

sistemoj

አፍቀረ

dashuroj

ከሸነ

gatuaj

ዘወረ

drejtoj makinën

ነፈረ

fluturoj

ብመርክብ ገየሽ

lundroj

ደመረ

llogaris

ኣንበበ

lexoj

ተመሃረ

mësoj

ሰርሐ

punoj

መርዓወ

martohem

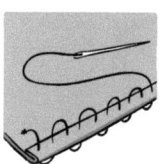

ሰፈየ

qep

ጽሬት ኣስናን

laj dhëmbët

ቀተለ

vras

ሽጋራ ተከኸ

tymos

ሰደደ

dërgoj

ስድራቤት
familje

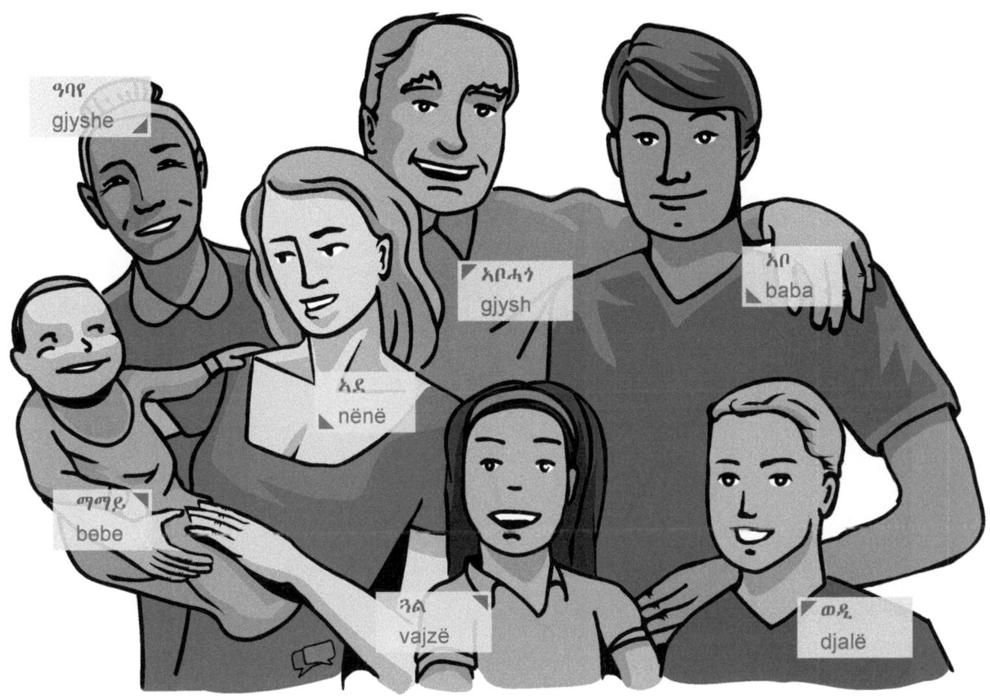

ዓባየ
gjyshe
ኣቦሓጎ
gjysh
ኣቦ
baba
ኣደ
nënë
ማማይ
bebe
ጓል
vajzë
ወዲ
djalë

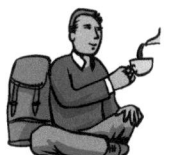

ጋሻ

mysafir

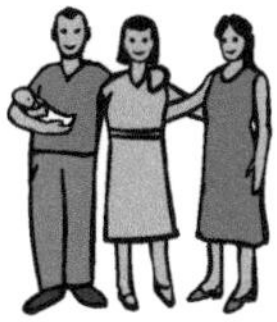

ሓትኖ

teze, hallë

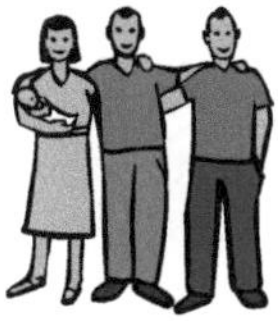

ኣኮ

dajë, xhaxha

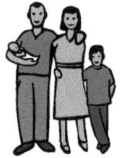

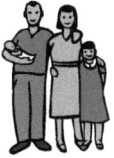

ሓው

vëlla

ሓፍቲ

motër

አካላት

trupi

ግንባር
balli
ዓይኒ
syri
መንኩብ
shpatulla
ኣጻብዕ
gishti
ገጽ
fytyra
መንከስ
mjekra
ኢድ
dora
ሽፋን እግሪ
këmba
ኣፍ-ልቢ
krahërori
ምናት
krahu

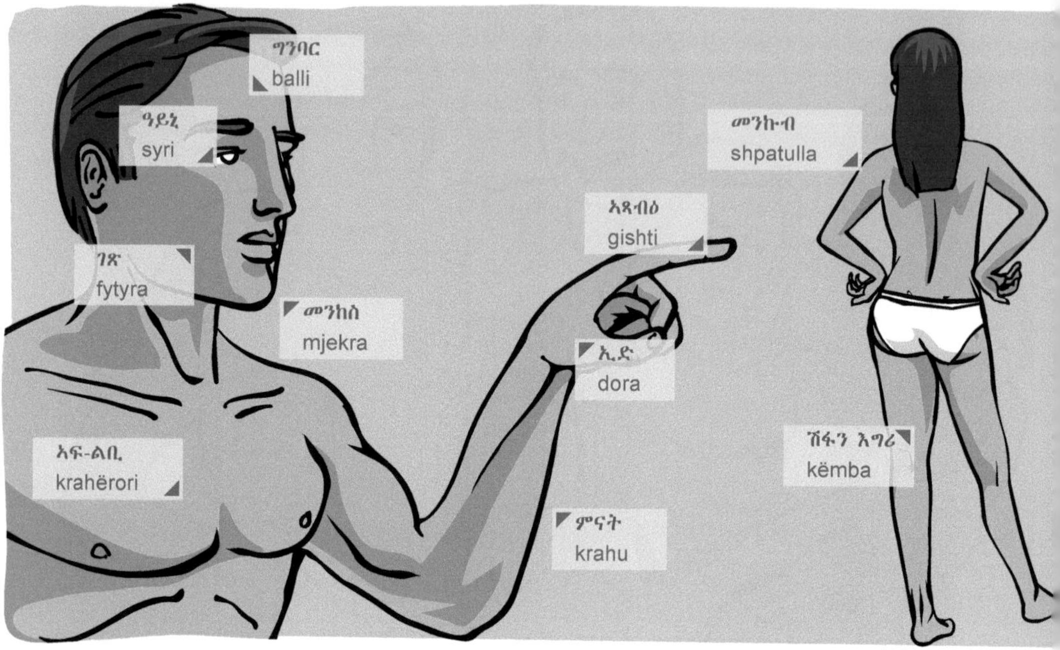

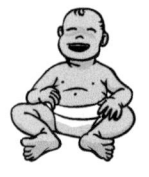

ማማይ

bebe

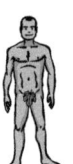

ሰብኣይ

burrë

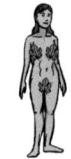

ሰበይቲ

grua

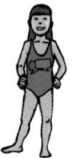

ጓል

vajzë

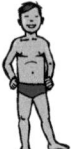

ወዲ

djalë

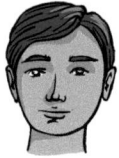

ርእሲ

koka

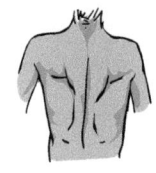

ሕቖ

shpina

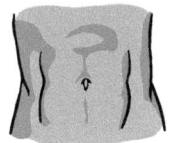

ከስዐ

barku

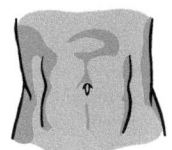

ሕምብርቲ

kërthiza

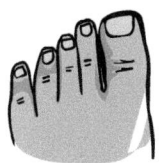

ኣጻብዕ እግሪ

gisht këmbe

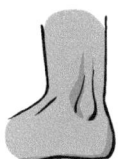

ኩርኹረ

Thembra

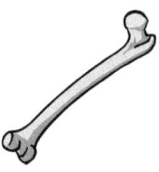

ዓጽሚ

kockë

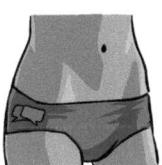

ምሕኮልቲ

legeni

ብርኪ

gjuri

ፎግፎጉ

bërryli

ኣፍንጫ

hunda

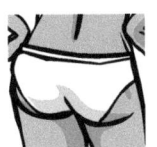

መዓኮር

vithe

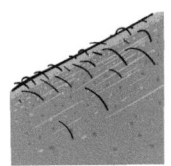

ቆርበት

lëkura

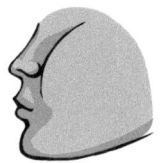

ምዕጉርቲ

faqja

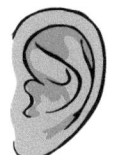

እዝኒ

veshi

ሕንፈር

buza

አፍ
....
goja

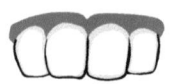

ስኒ
....
dhëmbët

መልሓስ
....
gjuha

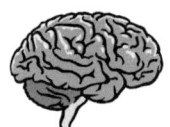

ሓንጎል
....
truri

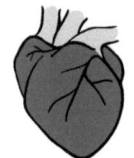

ልቢ
....
zemra

ጭዋዳ
....
muskul

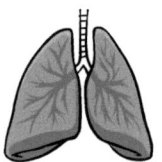

ሳንቡእ
....
mushkëria

ጸላም ከብዲ
....
mëlçia

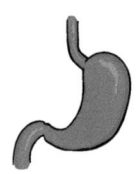

ከብዲ
....
stomaku

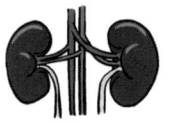

ኩሊት
....
veshka

ግብረ ስጋ
....
seks

ኮንዶም
....
prezervativ

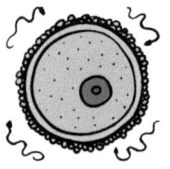

እንቋቛ ሓ
....
veza

ዘርኢ ተባዕታይ
....
sperma

ጥንሲ
....
shtatëzani

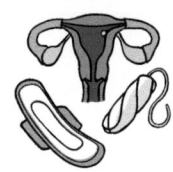

ጽግያት
menstruacione

ርሕሚ
vagina

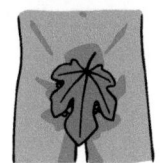

መትሎ
penis

ሽፋሽፍቲ
vetulla

ጸግሪ
flokët

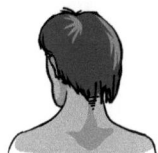

ክሳድ
qafa

ሆስፒታል
spital

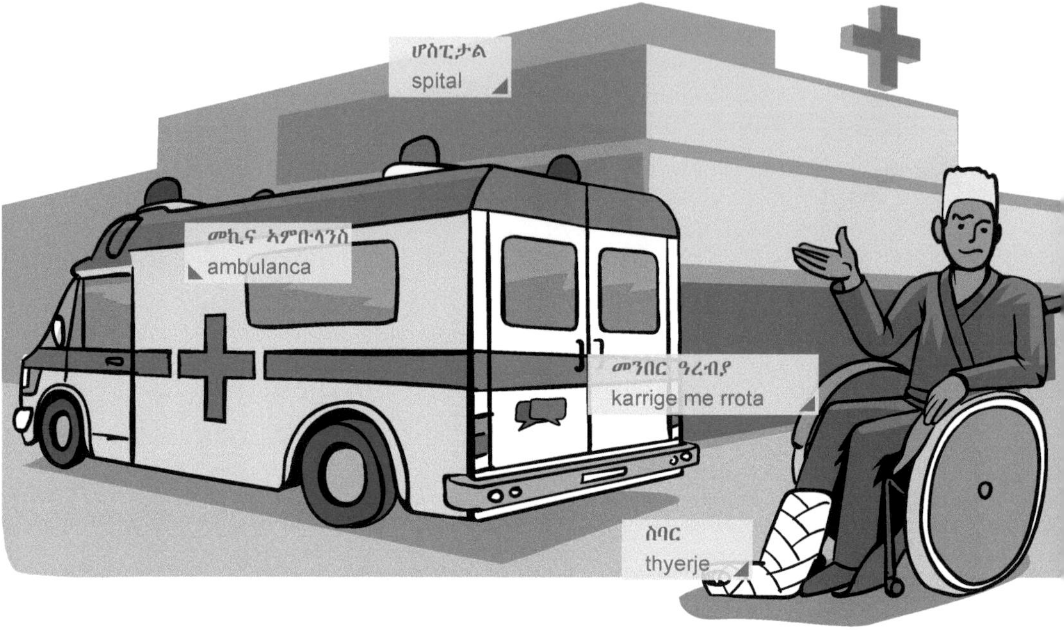

ሆስፒታል
spital
መኪና ኣምቡላንስ
ambulanca
መንበር ዓረብያ
karrige me rrota
ስባር
thyerje

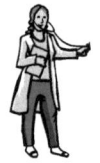

ሓኪም

mjek

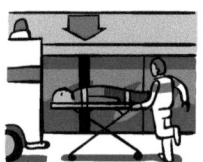

ክፍሊ ህጹጽ ረድኤት

sallë urgjencash

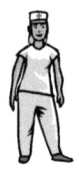

ኣላይት

infermiere

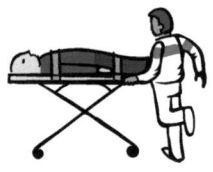

ህጹጽ ኩነት

emergjencë

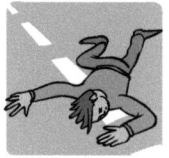

ውነኡ ዘጥፍአ

i pandërgjegjshëm

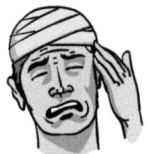

ቃንዛ

dhimbje

ጕድኣት

dëmtim

ደም

gjakosje

ማህረምቲ

infarkt

ማህረምቲ

goditje

አለርጂ

alergji

ሰዓል

kolla

ረስኒ

ethe

ኡንፍልወንዛ

grip

ውጽኣት

diarre

ቃንዛ ርእሲ

dhimbje koke

መንሽሮ

kancer

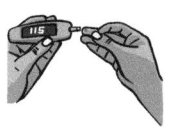

ሹኮርያ

diabet

ሓኪም መጥባሕቲ

kirurg

መጥብሒ

bisturi

መጥባሕቲ

operacion

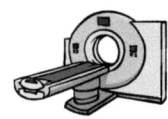

CT

CT (skaner)

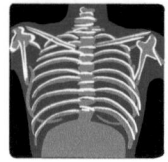

ራጂ

radiografi

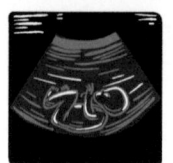

ልዕለ ድምጻዊ

ultratingull

መሸፈኒ ገጽ

maskë fytyre

ሕማም

sëmundje

ክፍሊ ምጽባይ

dhomë pritjeje

ምርኩስ

paterica

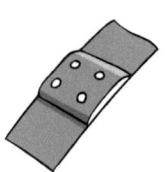

መጃነኒ ፔስሊ

leukoplast

መጃነኒ

fasho

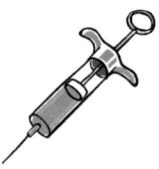

መርፍዕ ምውጋእ

injeksion

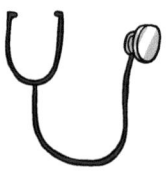

ስተቶስኮፕ

stetoskop

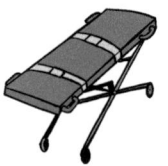

መሰከሚ ሕማም

barelë

ቴርሞመተር

termometër

ትውልዲ

lindje

ልዕለ-ሚዛን

mbipeshë

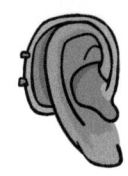

ሓገዝ ምስማዕ
aparat dëgjimi

ኣንጻሂ
dezinfektant

ልበዳ
infeksion

ቫይረስ
virus

ኤድስ
HIV / AIDS

ሕክምና
mjekësi, mjekim

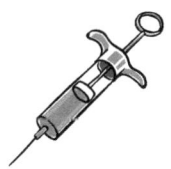

ክታበ
vaksinim

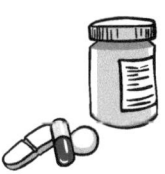

ኪኒና
tableta

ኪኒና
pilulë

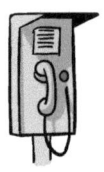

ህጹጽ ምድዋል
telefonatë emergjence

መዐቀኒ ጸቕጢ ደም
aparat tensioni

ሕሙም / ጥዑይ
i sëmurë / i shëndetshëm

ሓገዝ

Ndihmë!

ኣላርም

alarm

ምህጃም

sulm

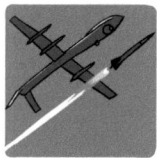

መጥቃዕቲ

atak

ድንገት

rrezik

ህጹጽ መውጽኢ

dalje emergjence

ሓዊ!

Zjarr!

መጥፍኢ ሓዊ

fikëse zjarri

ሓደጋ

aksident

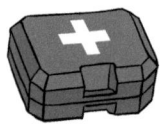

ሳንጣ ቀዳማይ ረድኤት

kuti e ndimës së shpejtë

SOS

SOS

ፖሊስ

policia

ኤውሮጳ

Europa

ሰሜን ኣመሪካ

Amerika e Veriut

ደቡብ ኣመሪካ

Amerika e Jugut

ኣፍሪቃ

Afrika

ኤስያ

Azia

ኣውስትራልያ

Australia

ኣትላንቲክ

Atlantiku

ፓሲፊክ

Paqësori

ህንዳዊ ዉቅያኖስ

Oqeani Indian

ኣንታርቲካዊ ዉቅያኖስ

Oqeani Antarktik

ኣርክቲካዊ ዉቅያኖስ

Oqeani Arktik

ሰሜናዊ ዋልታ

Poli i veriut

ደቡባዊ ዋልታ
....
Poli i Jugut

አንታርቲካ
....
Antarktida

ምድሪ
....
toka

መሬት
....
tokë

ባሕሪ
....
det

ደሴት
....
ishull

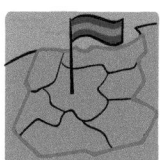

ሃገር
....
komb

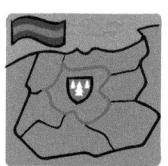

ዓዲ
....
shtet

ገጽ ሰዓት

fusha e orës

አመልካቲ ሰዓታት

akrepi i orës

አመልካቲ ደቓይቕ

akrepi i minutave

አመልካቲ ካልኢት

akrepi i sekondave

ሰዓት ክንደይ አሎ?

Sa është ora?

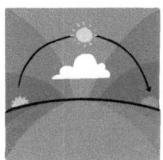

መዓልቲ

ditë

ግዜ

kohë

ሕጃ

tani

ዲጊታል ሰዓት

orë dixhitale

ደቒቕ

minutë

ሰዓት

orë

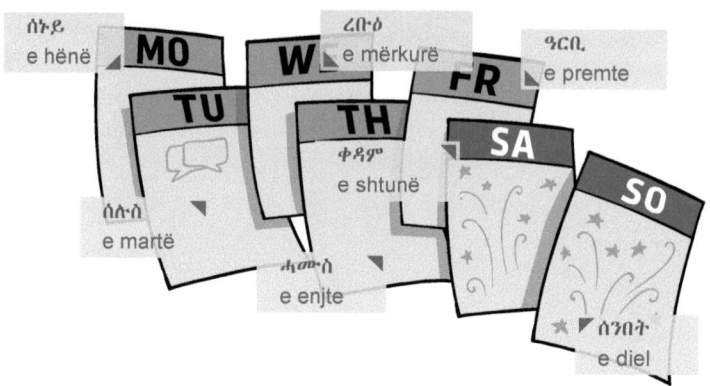

ሰኑይ
e hënë — **MO**

ረቡዕ
e mërkurë — **W**

ዓርቢ
e premte — **FR**

TU

TH
ቀዳም
e shtunë

SA

SO

ሰሉስ
e martë

ሓሙስ
e enjte

ሰንበት
e diel

ትማሊ
dje

ሎሚ
sot

ጽባሕ
nesër

ንጎሆ
mëngjes

ቀትሪ
mesditë

ምሽት
mbrëmje

MO	TU	WE	TH	FR	SA	SU
1	2	3	4	5	6	7
8	9	10	11	12	13	14
15	16	17	18	19	20	21
22	23	24	25	26	27	28
29	30	31	1	2	3	4

መዓልታት ስራሕ
d-ditë pune

MO	TU	WE	TH	FR	SA	SU
1	2	3	4	5	6	7
8	9	10	11	12	13	14
15	16	17	18	19	20	21
22	23	24	25	26	27	28
29	30	31	1	2	3	4

መወዳእታ ሰሙን
fundjavë

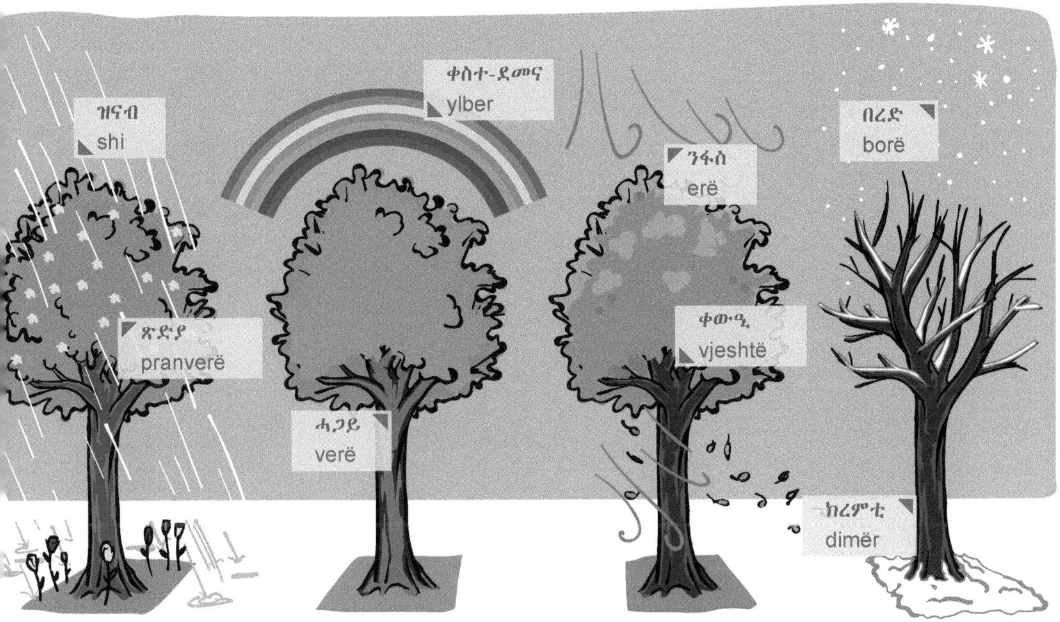
ዝናብ
shi
ቀስተ-ደመና
ylber
ንፋስ
erë
በረድ
borë
ጽድያ
pranverë
ሓጋይ
verë
ቀውዒ
vjeshtë
ክረምቲ
dimër

4.APRIL 11°
5.APRIL 4°
6.APRIL 13°
7.APRIL 8°
8.APRIL 10°

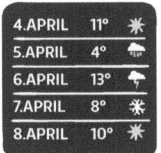

ትንቢት ኩነታት ኣየር

parashikimi i motit

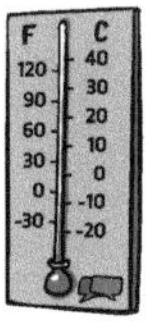
F C
120 40
90 30
60 20
30 10
0 0
-30 -10
-20

ቴርሞመተር

termometër

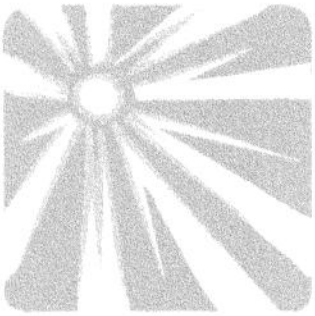

ብርሃን ጸሓይ

ndriçim dielli

ደበና

re

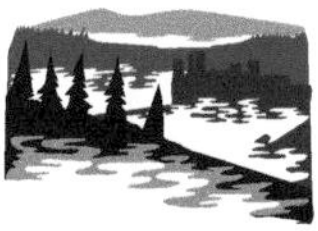

ግመ

mjegull

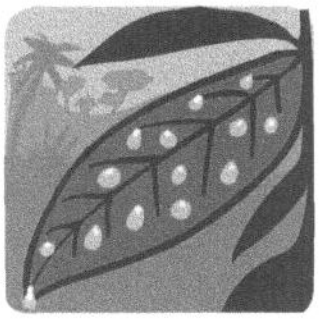

ጠሊ

lagështi

ብርቂ

vetëtima

ነጕዳ

gjëmim

ህቦብላ

stuhi

በረድ

breshër

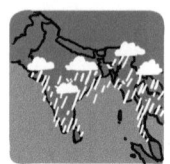

ብርቱዕ ህቦብላ

muson

ውሕጅ

përmbytje

በረድ

akull

ጥሪ

janar

ለካቲት

shkurt

መጋቢት

mars

ሚያዝያ

prill

ጉንበት

maj

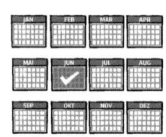

ሰነ

qershor

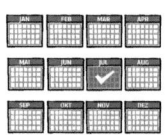

ሓምለ

korrik

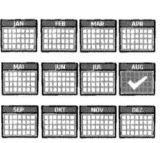

ነሓሰ

gusht

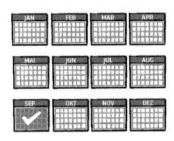

መስከረም
....
shtator

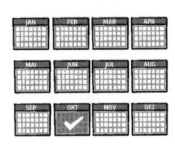

ጥቅምቲ
....
tetor

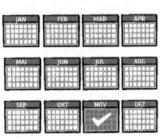

ሕዳር
....
nëntor

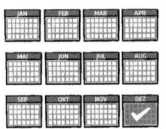

ታሕሳስ
....
dhjetor

ዙርያ
....
rreth

ትርብዒት
....
katror

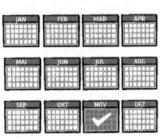

ቅኑዕ ርቡዕ ኵርናዕ
....
drejtkëndësh

ስሉስ ኵርናዕ
....
trekëndësh

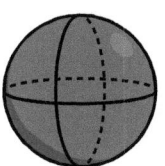

ክቢ
....
sferë

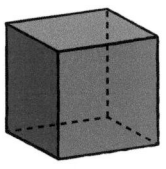

ኩቦ
....
kub

ጻዕዳ
e bardhë

ብጫ
e verdhë

አራንጂ
portokalli

ፒንክ
rozë

ቀይሕ
e kuqe

ጆኽ
vjollcë

ሰማያዊ
blu

ቀጠልያ
e gjelbër

ቡናዊ
kafe

ሓሙኽሽታይ
gri

ጸሊም
e zezë

ብዙሕ / ውሑድ

shumë / pak

ሕሩቕ / ሰላማዊ

i nevrikosur / i qetë

ጽቡቕ / ክፉእ

i bukur / i shëmtuar

መጀመርያ / መወዳእታ

fillim / fund

ዓቢ / ንእሽቶ

i madh / i vogël

ብሩህ / ጸልማት

i ndritshëm / i errët

ሓው / ሓፍት

vëlla / motër

ጽሩይ / ርሳሕ

e pastër / e pistë

ምሉእ / ዘይምሉእ

e plotë / jo e plotë

መዓልቲ / ለይቲ

ditë / natë

ሙዉት / ህልው

gjallë / vdekur

ሰፊሕ / ጸቢብ

i gjerë / i ngushtë

ደስ ዘበል / ደስ ዘይብል
....
i ngrënshëm / i pangrënshëm

እኩይ / ህያዋይ
....
i keq / i këndshëm

ርቡጽ / ስልኩይ
....
i lumtur / i mërzitur

ረጊድ / ቀጢን
....
i shëndoshë / i dobët

ቀዳማይ / ናይ መወዳእታ
....
e para / e fundit

ዓርኪ / ጸላኢ
....
mik / armik

ምሉእ / ባዶ
....
plot / bosh

ተሪር / ልስሉስ
....
e fortë / e butë

ከቢድ / ፈኵስ
....
e rëndë / e lehtë

ጥምየት / ጽምየት
....
uri / etje

ሕሙም / ጥዑይ
....
i sëmurë / i shëndetshëm

ዘይሕጋዊ / ሕጋዊ
....
e paligjshme / e ligjshme

መስተውዓሊ / ስዲ
....
i zgjuar / budalla

ጸጋም / የማን
....
majtas / djathtas

ቀረባ / ርሑቕ
....
afër / larg

86   አንጻራት - të kundërta

ሓዲሽ / ብሉይ
e re / e përdorur

ዋላ ሓደ / ጋለ
asgjë / diçka

ዓቢ/ኣረጊት / መንእሰይ
i moshuar / i ri

ወልዕ / ኣጥፍእ
ndezur / fikur

ክፉት / ዕጹው
hapur / mbyllur

ህዱእ / ዓው
i qetë / i zhurmshëm

ሃብታም / ድኻ
i pasur / i varfër

ቅኑዕ / ግጉይ
e drejtë / e gabuar

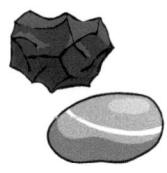

ሓርፋፍ / ልሙጽ
i ashpër / i butë

ጉሁይ / ሕጉስ
i mërzitur / i lumtur

ሓጺር / ነዊሕ
i shkurtër / i gjatë

ቀስ / ቅልጡፍ
ngadalë / shpejt

ጥሉል / ንቑጽ
i lagësht / i thatë

ምዉቕ / ዝሑል
ngrohtë / freskët

ውግእ / ሰላም
luftë / paqe

0	**1**	**2**
ዜሮ	ሓደ	ክልተ
zero	një	dy

3	**4**	**5**
ሰለስተ	ኣርባዕተ	ሓሙሽተ
tre	katër	pesë

6	**7**	**8**
ሽዱሽተ	ሽውዓተ	ሽሞንተ
gjashtë	shtatë	tetë

9	**10**	**11**
ትሽዓተ	ዓሰርተ	ዓሰርተ ሓደ
nentë	dhjetë	njëmbëdhjetë

12
ዓሰርተ ክልተ
dymbëdhjetë

13
ዓሰርተ ሰለስተ
trembëdhjetë

14
ዓሰርተ ኣርባዕተ
katërmbëdhjetë

15
ዓሰርተ ሓሙሽተ
pesëmbëdhjetë

16
ዓሰርተ ሽዱሽተ
gjashtëmbëdhjetë

17
ዓሰርተ ሸውዓተ
shtatëmbëdhjetë

18
ዓሰርተ ሸሞንተ
tetëmbëdhjetë

19
ዓሰርተ ትሽዓተ
nentëmbëdhjetë

20
ዕስራ
njëzetë

100
ሚእቲ
qind

1.000
ሺሕ
mijë

1.000.000
ሚልዮን
milion

እንግሊዝኛ

anglisht

አሜሪካዊ እንግሊዛዊ

anglishte amerikane

ቻይናዊ ማንዳሪን

kinezisht mandarin

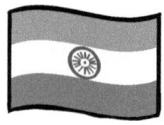

ሂንዳዊ

hindi

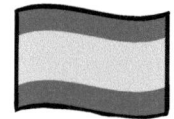

እስጳኛዊ

spanjisht

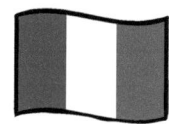

ፈረንሳዊ

frëngjisht

ዓረባዊ

arabisht

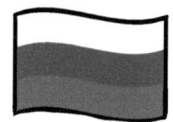

ሩሲያዊ

rusisht

ፖርቱጋላዊ

portugalisht

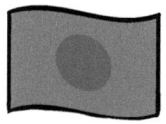

በንጋሊ

bengalisht

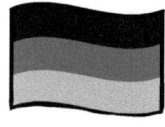

ጀርመናዊ

gjermanisht

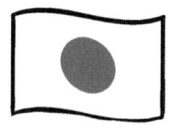

ጃፓናዊ

japonisht

አነ

unë

ንስኻ/ኺ

ti

♂ ♀ ○

ንሱ / ንሳ / ንሱ

ai / ajo

ንሕና

ne

ንስኻ

ju

ንሳቶም

ata

መን?

kush?

እንታይ?

çfarë?

ከመይ?

si?

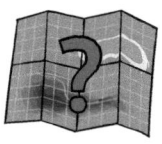

አበይ?

ku?

መዓስ?

kur?

HELLO, I AM

ሸም

emër

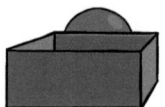

ድሕሪ
pas

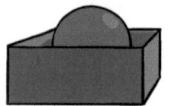

ኣብ
në

ኣብ ቅድሚ
përballë

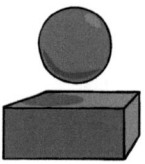

ኣብ ላዕሊ
sipër

ኣብ ልዕሊ
mbi

ትሕቲ ምድሪ
poshtë

ኣብ ጥቓ
pranë

ኣብ መንጎ
midis

በታ
vend